Thomas-Louis Novillo
Armand Rouméas
avec
Patrice Leconte

150 RÉPLIQUES CULTES DU CINÉMA

Le Robert

Remerciements

Pour Axelle, ma partenaire lumineuse des salles obscures, ma fée du cinéma, avec qui je vis le plus beau des films.
Thomas-Louis Novillo

À Lucie, pour ton exigence bienveillante qui m'encourage à trouver le mot comme l'idée juste. « *To me, you are perfect.* »
Armand Rouméas

Les auteurs remercient également toutes celles et tous ceux qui, de près ou de loin, ont contribué à ce livre en répondant à la question : « C'est quoi ta réplique préférée ? »

Direction éditoriale : Bérengère Baucher
Édition : Blandine Renard et Diane Flahaut
Conception graphique de l'intérieur et de la couverture : Jean-Louis Massardier
Correction : Nathalie Rachline
Fabrication : Nicolas Zeifman

92, avenue de France, 75013 Paris

ISBN 978-2-32101-906-0

Préface

de Patrice Leconte

Michel Audiard était un très bon dialoguiste. Mais, malgré son talent incontestable, une chose m'a toujours chiffonné : tous ses personnages s'expriment de la même manière, ils « parlent Audiard ». Nous aurions bien tort de nous en plaindre, car ces dialogues feront toujours notre joie.

J'ai réalisé, en écrivant des scénarios, que c'était là une des choses les plus difficiles à maîtriser : faire parler les protagonistes de façon différente. Dans la vie, personne ne parle comme son voisin. Dans les films, transcrire cette diversité de langage n'est pas si simple, puisque c'est une seule et même personne qui fait parler tout le monde. Je m'efforce donc de me mettre dans la peau de tous les personnages, de réagir comme ils réagiraient, de parler comme ils parleraient.

Il y a heureusement une chose qui facilite l'écriture des dialogues, c'est de savoir pour qui on les écrit. On n'est pourtant jamais à l'abri de surprises. Lorsque, avec Serge Frydman, nous avons écrit *La Fille sur le pont*, nous avions Jean-Pierre Marielle en tête. Je lui envoie le script. Jean-Pierre m'appelle pour me dire qu'il adore le scénario, mais qu'il ne fera pas le film. Plus tard, chez lui, dans un appartement un peu sombre, il me dit, avec les larmes aux yeux : « Je ne veux pas être un vieux de plus dans la carrière de Vanessa Paradis. » Je l'ai quitté perplexe, mais je savais qu'il avait raison. Très vite, j'ai pensé à Daniel Auteuil, avec qui je voulais tourner depuis longtemps. Le plus mystérieux, c'est que de passer de l'un à l'autre ne nous a pas fait changer un mot, ni même une virgule.

Il y a un autre mystère : comment savoir, quand on l'écrit, qu'une réplique deviendra culte ? Impossible.

C'est à ces artisans aveugles, ces auteurs qui avancent dans le brouillard, ces écrivains qui ne savent pas ce qui restera de leur travail, que nous avons voulu rendre hommage. Nous nous sommes limités à 150 répliques cultes, nous aurions pu en épingler au moins 4 800, mais c'eût été un gros gros livre.

Introduction

de Thomas-Louis Novillo et Armand Rouméas

« Votre mission (si vous l'acceptez) » consiste à parcourir un siècle d'histoire du cinéma avec 150 répliques. Impossible ? Avez-vous remarqué que jamais Ethan Hunt (Tom Cruise) ne refuse ? Il y a des missions qui, comme certaines offres, ne se refusent pas.

Être ou ne pas être une réplique ?

Dans son *Dictionnaire historique de la langue française* (Le Robert, 2019), Alain Rey explique que le mot *réplique* vient du latin *replicare* (« replier », « renvoyer »). Il appartient au champ sémantique de la réponse, volontiers « vive et prompte ». Le mot se spécialise au théâtre au XVIIe siècle pour désigner la prise de parole d'un acteur lorsque son interlocuteur cesse de parler. La réplique est donc d'abord une réponse dans le cadre d'un dialogue autour duquel s'articule la mise en scène théâtrale.

Cette définition classique ne s'applique pas tout à fait au cinéma, qui se développe d'abord comme un art de l'image. *L'Arrivée d'un train en gare de La Ciotat* (Louis Lumière, 1896) n'a pas besoin de mots pour faire fuir tous les spectateurs. Plus encore, c'est un art du montage, car la seule succession de plans, même muets, produit du sens (c'est ce qu'on appelle l'*effet Koulechov*). Pourtant, dès les débuts du cinéma, on ne résiste pas à rendre visible la parole, grâce aux intertitres. L'avènement du sonore, puis du parlant, redonne des couleurs à la parole, jusqu'à mettre au chômage les comédiennes et comédiens aux voix désagréables. La réplique devient centrale au point de consacrer celles et ceux qui la maîtrisent, de Michel Audiard à Agnès Jaoui.

Une réplique au cinéma ne se limite donc pas aux échanges entre personnages. Une compréhension élargie s'impose : au cinéma, on appelle souvent *réplique* la phrase qui marque les esprits, la *punchline* qui se distingue ou le bon mot que l'on retient. Une bonne réplique rejoint la mémoire collective, se partage en soirée, que l'on ait vu le film ou non.

Qui n'a pas menacé d'éparpiller quelqu'un « façon puzzle » (*Les Tontons flingueurs*, 1963) ? Ou déploré qu'un ami soit « tendu comme une crampe » (*Dikkenek*, 2006) ? Les répliques envahissent le langage courant et s'échappent même parfois de leur matériau d'origine pour vivre en toute liberté (saviez-vous, par exemple, que Bardot ne demande pas si Piccoli « aime » ses fesses, dans *Le Mépris* en 1963, mais s'il les « trouve jolies » ?).

Comment choisir 150 répliques ?

Il existe de nombreuses anthologies de répliques de films, plus ou moins récentes, dans lesquelles se trouvent célébrées les phrases les plus amusantes ou les plus connues du cinéma. Néanmoins, la plupart prennent la forme de compilations, sans forcément étudier l'efficacité de la réplique, sa portée historique et artistique ou sa structure linguistique. Nous désirons, à l'inverse, faire aimer les répliques en les décryptant, voyager dans les films et l'histoire du cinéma avec les répliques pour portes d'entrée.

Crevons tout de suite l'abcès : la sélection effectuée dans ce livre est arbitraire. Chacun peut légitimement en imaginer une autre. Sans totalement parvenir à nous extraire de nos déterminismes, nous nous sommes efforcés de sortir de notre zone de confort pour représenter toute la variété des cinémas.

Diversité géographique d'abord : si vous pouviez faire une statistique de tous les films que vous avez vus depuis l'enfance, il y a fort à parier que plus de 90 % seraient français et anglo-saxons. Sortir de la macrocéphalie française, du tout Audiard ou de Funès, ou du rouleau compresseur hollywoodien est impossible, mais nous avons tenté de faire des pas de côté vers d'autres continents.

Autre défi : faire découvrir des répliques moins connues, dans l'ombre des mythes. C'est de cette alternance que naît l'équilibre du livre. Tout connaître n'eût pas été très intéressant. Ne rien connaître eût été frustrant. Il faut aussi savoir trouver le bon dosage entre les succès commerciaux, qu'il s'agisse de *blockbusters* ou de comédies populaires, et les films d'auteur. Par nature, les seconds sont moins accessibles, privilégiant l'exigence artistique au divertissement. Pourtant, ces catégories ne sont pas mutuellement exclusives : le récent *Dune* de Denis Villeneuve peut, par exemple, être considéré comme un film d'auteur qui fait sérieusement « exploser le pâté de maisons ».

Ultime pondération : les genres. Comédie, horreur, policier, drame... Chacune de ces catégories a ses codes et ses émotions propres. Les répliques y jouent un rôle décisif. Pour les super-héros, par exemple, elles sont de véritables signatures. On ne pouvait pas non plus oublier les zombies, le fantastique, le film social ou encore la parodie. Et, forcément, à vouloir ménager la chèvre de la Nouvelle Vague et le chou du western, et en se limitant à une petite liste de 150 grands films, on en vient à mettre de côté de nombreuses répliques majeures. Et ce n'est jamais de gaité de cœur. Car sacrifier une réplique, c'est un « sale métier » que l'on ne peut faire que « salement », aurait dit notre Belmondo national (*Le Voleur*, Louis Malle, 1967).

Dans quelle langue une réplique devient-elle culte ?

C'est quoi ce rififi avec le doublage ? Le débat est éruptif, entre votre amie cinéphile qui ne jure que par la version originale et votre beau-père qui refuse l'obstacle des sous-titres. C'est un débat aussi vieux que la littérature : peut-on traduire sans trahir ? Avec le cinéma, on ajoute un élément de complexité : le son. Malgré le talent des comédiens de doublage et leur maîtrise de la post-synchronisation, le jeu des acteurs et actrices sort partiellement dégradé du processus. Or, qu'est-ce qu'un comédien sans sa voix ? Marlon Brando, dont le timbre est plutôt aigu et légèrement éraillé, trahissant une intrigante fragilité, se voit affublé dans la version française du *Parrain* d'une voix grave. Forcément, quand on voit sa carrure, c'est tentant. Mais est-ce vraiment la même chose ?

Gérard de Nerval a traduit Goethe. Alors pourquoi ne pourrait-on pas traduire *L'Arme fatale* ? Difficulté supplémentaire pour ceux qui réécrivent le script : coller aux lèvres. Alors, soyons indulgents, c'est le sommet de l'écriture sous contrainte. Mais lorsque cela change le sens, altère la poésie de la phrase, ou rompt la tension patiemment construite par la mise en scène, peut-on s'en satisfaire ? Lorsque le psychiatre d'*Halloween* de John Carpenter lance « *He came home!* », dans un cimetière, les yeux perdus dans le vague, ça claque. La VF (« Ça prouve qu'il est revenu ! ») est inutilement démonstrative.

Pourtant, même les amateurs de versions originales l'avouent : certaines versions françaises sont excellentes, avec des scripts travaillés et des voix mythiques (sans toujours connaître son nom, tout le monde a par exemple déjà entendu Patrick Poivey, éternelle voix de Bruce Willis). Il ne faut surtout pas oublier que, d'une part, les films étrangers n'ont longtemps été disponibles qu'en VF (notamment en VHS) – au moins jusqu'aux années 1990. D'autre part, la version française reste un fantastique outil de démocratisation du cinéma. Les films faisant le plus d'entrées sont ceux disponibles en français dans les salles et certaines villes ne proposent que de la VF.

Beaucoup de répliques cultes ont été retenues collectivement en français. Il nous a donc semblé important, à rebours des ayatollahs de la VO, de choisir les répliques dans leur langue de diffusion, c'est-à-dire dans la langue dans laquelle elles ont été *répliquées*, répétées encore et encore. Il va de soi qu'une réplique immédiatement accessible à l'oreille sera plus susceptible de marquer les esprits dans notre langue que dans une langue que l'on ne maîtrise pas (le défi est lancé : combien de répliques en coréen connaissez-vous ?). La VF n'est pourtant pas toujours la règle : on se souvient de « Je suis ton père » et « E.T. téléphone maison », mais aussi de « *I'll be back* » et « *Are you talking to me?* » (même si Vincent Cassel dans *La Haine* demande à son miroir : « C'est à moi que tu parles ? »).

Où sont les femmes ?

Sur les 150 répliques retenues, 19 % sont prononcées par des femmes, 16 % ont été écrites ou coécrites par des femmes et 6 % seulement sont filmées par des réalisatrices. Ces chiffres trop bas sont en plus gonflés par notre volonté de mettre davantage en lumière celles qui ont été longtemps invisibilisées, cantonnées aux métiers de l'ombre (scriptes, costumières et scénaristes) ou bien réduites aux rôles qu'elles interprétaient. À ce titre, les statistiques des palmarès féminins de la réalisation sont éloquents : trois Palmes d'or en 76 éditions du Festival de Cannes (Jane Campion, Julia Ducournau, Justine Triet) ; trois Oscars en 95 éditions (Jane Campion, Kathryn Bigelow, Chloé Zhao) et une seule femme primée aux Césars (Tonie Marshall) – Cocorico ! Pourtant, elles étaient déjà un rouage essentiel à l'aube du cinéma (Alice Guy, Musidora).

Les répliques féminines figurent fièrement dans notre panthéon, gueulées en majesté (Arletty), franchement provocatrices (Sharon Stone) ou subtilement militantes (Chantal Akerman). Mais cela ne doit pas pour autant faire oublier la tardive mise en valeur de cinéastes majeures de tous les horizons, et la poursuite du travail essentiel engagé par le récent mouvement *#MeToo*.

La possibilité d'un abécédaire

Comment ranger ce bric-à-brac ? Par style ? Mais que faire des entre-deux genres ? Chronologiquement ? C'eût été curieux, car nos plus vieux films ne sont pas nécessairement les plus représentatifs de leur époque - pareil pour les plus récents. Il nous a donc paru plus évident de les trier par idée, suivant un ordre alphabétique que *Le Robert* n'aurait pas à renier. Chaque lettre est une idée qui peut être filée dans des films très différents. C'est le goût des bandits qui rapproche Audiard et Scorsese. Représenter les marginalités sociales ou économiques permet de faire dialoguer Fellini et Zhao. Des ponts inattendus se déploient entre les paradoxes de Pagnol et Tarkovski. Nous errons fructueusement dans l'absurde avec Buñuel et Dupieux.

Ras-le-culte des chefs-d'œuvre ?

Qu'est-ce qu'une réplique culte ? L'expression interroge quand on sait ce qui nous conduit, en tant que spectateurs, à apprécier tel ou tel film. Pour être considéré comme un chef-d'œuvre, faut-il qu'un film soit consacré par la critique, salué par son public ou sédimenté par le temps ? D'origine religieuse, l'expression *culte* a l'avantage de mettre des mots sur l'affection collective, presque amoureuse, que des spectateurs de générations différentes peuvent avoir pour certaines œuvres et leurs répliques. Pour sortir des débats techniques, nous préférons donc nous en remettre à notre admiration et notre respect pour des films qui nous ont marqués. Ce livre serait-il donc celui... « de l'amour », comme dirait OSS 117 ?

Devant chacun de ces films, dans chacune de ces rêveries, nous revient cette phrase de Mel Gibson dans *Braveheart* (1995) : « Je ne veux pas me réveiller. Je veux rester avec toi. »

“Il en faut peu pour être heureux !”

“Look for the bare necessities!”

Adapté du roman de Rudyard Kipling, *Le Livre de la Jungle* raconte l'histoire de Mowgli, un « petit d'homme » élevé dans la jungle indienne avec des louveteaux. Face à la menace du tigre Shere Khan, il peut compter sur l'aide de la panthère noire Bagheera et de Baloo, l'ours lippu dont la chanson *The Bare Necessities* (chanté par Phil Harris en anglais, Jean Stout en français) dit tout du caractère. Cet air est tout ce qu'il reste de la bande-son originale composée par Terry Gilkyson, abandonnée car trop sinistre au goût de Walt Disney.

La philosophie de Baloo croise le stoïcisme antique (« *look for the bare necessities* ») et l'optimisme des années 1960 (« *just try and relax* »). Les déhanchés mélangent joyeusement le jazz au comportement animal (comme si l'association, stéréotypée, allait de soi). L'adjectif *bare* (« simple ») renvoie à l'ours, *the bear*, dans un jeu sonore qui disparaît en français. La formule « Il en faut peu pour être heureux » est absente de la version originale mais permet, par sa musicalité et sa rime interne, de transmettre un message joyeux de sobriété heureuse. Preuve, s'il en fallait, que traduire n'est pas forcément trahir. C'est un processus créatif autonome qui marque chaque public dans sa propre langue.

The Jungle Book
Réalisation : Wolfgang Reitherman
Scénario : Larry Clemmons, Ralph Wright, *et al.*
Studio : Disney
D'après le recueil de nouvelles éponyme de :
Rudyard Kipling, 1894

Dans *Monthy Python : La Vie de Brian* (1979), des crucifiés se motivent à voir la vie du bon côté malgré leur mort prochaine en entonnant « *Always look on the bright side of life* ». La séquence ironise sur cette *positive attitude* de pacotille chez Disney, sensible dans ce morceau et déjà chantée dans *Pinocchio* (*Give a Little Whistle*, 1940). Car si Mowgli peut sublimer sa condition d'enfant abandonné dans la jungle, ce n'est bien que par la magie du cinéma.

Le mot de Patrice Leconte

Comme il s'agit de personnages d'un film d'animation, des animaux qui plus est, on ne prête pas forcément attention à ce qu'ils nous disent, surtout s'ils chantent. Comment pourrait-on prendre au sérieux, du moins au pied de la lettre, un ours de comédie musicale ?
Alors que… Cet ours balourd, mine de rien, nous balance en pleine figure une vraie règle de vie. J'ai toujours imaginé que le bonheur était une tête d'épingle, que l'on pouvait être heureux, parfaitement heureux, avec des bribes, des miettes, des trucs dérisoires et anodins, des trucs de rien.
Alors, écoutons plus attentivement ce qu'ont à nous dire les nounours replets.

“Hakuna Matata !”

Simba est un jeune lionceau téméraire et joyeux. Fils du sage roi Mufasa, il est appelé à régner sur la savane à la suite de son père. Mais c'est sans compter sur le frère du roi, son perfide oncle Scar. Ce dernier, complotant avec une armée de hyènes rieuses et sournoises, parvient à tuer le roi et contraint Simba à l'exil en lui faisant croire qu'il est responsable de la mort de son père.

L'histoire du *Roi Lion* est une référence assumée à *Hamlet* de Shakespeare et les clins d'œil sont nombreux. Le jeune prince exilé voit le fantôme de son père. L'oncle hypocrite et avide de pouvoir s'est arrogé le trône par le sang. Dans une scène, on voit même Scar tenir un crâne dans sa patte droite, comme s'il allait dire la célèbre tirade « *To be or not to be* ».

The Lion King
Réalisation : Roger Allers et Robert Ralph Minkoff
Scénario : Irene Mecchi, Jonathan Roberts, Linda Woolverton, *et al.*
Studio : Disney

Sauf que le *Roi Lion*, contrairement au Royaume de Danemark, est rempli de personnages gais et hauts en couleur : Zazu, l'oiseau-majordome obséquieux ; Rafiki, le vieux sorcier mandrill ; Nala, la jeune lionne fougueuse qui deviendra reine ; Timon, le suricate sûr de lui, et son meilleur ami Pumbaa, le phacochère étourdi. Lorsque ces deux derniers adoptent Simba, ils essaient de lui enseigner leur philosophie, qu'ils résument en un chant : « *Hakuna Matata !* » Il s'agit d'une formule swahilie qui signifie : « Il n'y a pas de problème. » Les deux compères recherchent avant tout le bien-être, le confort, les plaisirs de la vie au jour le jour (*carpe diem*). Il faudrait relativiser les problèmes, apprendre à vivre avec eux, faire de chaque jour le dernier en en cueillant le fruit éphémère. Simba parviendra pourtant à les embarquer dans son aventure pour récupérer le trône de la Terre des Lions, malgré les risques et la peur. Et tout ce petit monde cohabite sans aucun souci. Philosophie !

Le mot de Patrice Leconte

Cette réplique, aujourd'hui mondialement connue, n'a donc pas été inventée, mais est empruntée au swahili, une langue parlée par plus de 150 millions de personnes en Afrique de l'Est.

Et pourtant, Disney, porté par le triomphe de la chanson, a décidé, neuf ans après la sortie du film, de s'approprier ces deux mots, de les déposer, comme on protégerait une marque, interdisant à quiconque de les utiliser. Ce qui est quand même assez fou, non ?

J'espère simplement que les gens qui parlent swahili ne sont pas tenus de verser quoi que ce soit à Disney quand quelqu'un répond « *Hakuna Matata* » à un ami qui lui demande comment ça va.

“Vers l’infini et au-delà !”

“To infinity... and beyond!”

Alors que Noël approche, les jouets du jeune Andy redoutent d’être remplacés. Woody, pourtant jouet-cowboy préféré et leader de la chambre, se sent menacé par l’arrivée de Buzz l’Éclair ou *Buzz Lightyear*, une figurine en plastique sophistiquée, à mi-chemin entre l’astronaute Buzz Aldrin et un G. I. Joe. Persuadé d’être un ranger de l’espace impliqué dans une guerre éternelle contre l’empereur Zurg, Buzz déclame son célèbre slogan dès qu’il saute dans les airs pour voler ou, plutôt, tomber avec panache.

La réplique épouse l’énergie aventureuse de son personnage. La première portion montre autant sa force en mouvement – la préposition *vers* (*to*) donne une direction – que sa bravoure qui ne recule pas devant « le silence des espaces infinis » (Pascal). La deuxième partie renforce cette démonstration de puissance en jouant sur un savoureux paradoxe : si l’infini est vraiment infini, il n’est pas possible d’aller au-delà. Sauf pour Buzz, bien sûr ! Dans une scène coupée de *Buzz l’Éclair* (2022), l’origine de cette réplique est incidemment révélée quand la jeune Izzy explique que son frère sait compter jusqu’à l’infini et même au-delà, opération mathématiquement impossible.

Réalisation : John Lasseter
Scénario : John Lasseter, Andrew Stanton, Joe Ranft, *et al.*
Studio : Pixar

Toujours est-il que le caractère épique de la réplique contraste avec la réalité de sa condition de jouet en plastique, limité par la gravité ou par l'utilisation excessive de sa batterie. Soit une façon bien mélancolique de faire ressentir au spectateur, quel que soit son âge, l'émotion des enfants qui inventent des histoires à partir de quelques bibelots ou parcourent l'univers entier en demeurant dans leur chambre à coucher.

“Si la forêt meurt, elle mourra avec elle”

“娘だ 森と生き 森が死ぬ時は共に亡びる ほろ”

Avant les mégalopoles surpeuplées, humains et divinités cohabitaient dans les vastes forêts du Japon féodal. Lorsqu'un dieu-sanglier, possédé par une force démoniaque, attaque le village du prince Ashitaka, celui-ci paie le tribut de sa victoire par une malédiction qui l'exile loin des siens. Son voyage lui apprend l'origine de cette corruption : le peuple des forges, dirigé par Dame Eboshi, s'en prend aux esprits de la forêt pour survivre en exploitant leurs ressources. Mais ceux-ci sont défendus par San, la princesse Mononoké, une enfant élevée par des loups, bien décidée à défendre leur territoire.

もののけ姫, *Mononoke hime*
Réalisation : Hayao Miyazaki
Scénario : Hayao Miyazaki
Studio : Ghibli

Blessé lors d'un affrontement, Ashitaka est recueilli par San au cœur de la forêt. Il y rencontre Moro, la déesse-louve qui a élevé la princesse comme sa propre fille. Elle lui explique par cette réplique le lien puissant qui l'unit à la forêt qui l'a vue grandir et dont elle sent la souffrance. La vie de San aurait pu être celle de toute l'humanité si la prédation économique et la guerre civile n'avaient pas rompu l'harmonie entre les hommes et leur environnement.

Cette fresque écologique se distingue par sa maturité narrative : rejetant tout manichéisme, le récit montre comment une activité humaine déséquilibrée précipite sa propre fin. Si la forêt meurt, « la princesse des esprits vengeurs » ne sera pas la seule à mourir : condamner le monde, c'est se damner soi-même, scier la branche sur laquelle nous sommes assis. Mais le danger voit naître des solidarités imprévues. « Tu es si jolie », murmure Ashitaka devant la princesse, arrêtant son poignard justicier. « Là où croît le péril, croît aussi ce qui sauve », disait déjà Hölderlin.

« Mère ! Enfante-moi ! »

Kirikou n'est pas grand, mais il est déjà arrogant ! Un bébé qui apostrophe sa mère *in utero*, ce n'est pas banal. Cet impératif, à la fois surnaturel et poétique, place immédiatement le film de Michel Ocelot dans l'univers du conte. Enraciné dans la tradition orale d'Afrique de l'Ouest, le récit s'inspire plus précisément d'un recueil d'histoires populaires compilées par l'administrateur colonial François-Victor Équilebecq (1913), mais aussi de l'œuvre du poète nigérien Boubou Hama qui raconte les aventures du jeune Izé-Gani, « pas plus gros que le doigt de sa mère » (1985).

Si Kirikou est petit par la taille, il se révèle grand par son courage. Aussitôt sorti du giron maternel, le nouveau-né part affronter le mal. Une quête colorée, inspirée du Douanier Rousseau et du théâtre d'ombres, qui habille de délicatesse ce parcours initiatique. Car, au fond, Kirikou doit surtout apprendre à devenir adulte. Le stupéfiant impératif de l'ouverture n'est ni plus ni moins qu'une puérile manifestation de fierté masculine. Ce même orgueil patriarcal qui a conduit tous les hommes du village à leur perte. « Pourquoi Karaba est-elle si méchante ? » s'interroge notre héros. La réponse est un bouleversant retournement : parce que des hommes l'ont blessée.

Réalisation : Michel Ocelot
Scénario : Michel Ocelot

Aux mâles injonctions de Kirikou répond la douceur de sa mère qui l'invite à l'autonomie : « Un enfant qui s'enfante lui-même se lave tout seul », lui murmure-t-elle quand il réclame d'être nettoyé. Essentielle leçon pour les enfants comme pour les adultes : l'enfantement dure toute la vie.

“Canis lupus. Vulpes vulpes”

Avant de devenir journaliste, Mr Fox était un redoutable voleur de poules. Il mène désormais une vie rangée à la campagne avec son épouse Felicity et leur fils. Mais Fox n’a « plus envie de vivre dans un terrier », et le naturel irresponsable et rusé finit par reprendre le dessus. Avec ses compagnons de tanière, il est alors traqué sans relâche par les trois fermiers du coin, en quête de revanche pour ses larcins commis nuitamment.

Réalisation : Wes Anderson
Scénario : Noah Baumbach et Wes Anderson
D'après le roman de : Roald Dahl, *Fantastic Mr. Fox*, 1970

Cette fable de Roald Dahl est adaptée par Wes Anderson en *stop motion* (animation image par image) dans les tons jaune-orange, avec des dialogues réalistes et des marionnettes anthropomorphes. Les cadrages frontaux (personnage filmé en pied dans son décor) rappellent le livre pour enfants et les gros plans sur les visages et les émotions, le « vrai » cinéma. Ce conte nous parle de l'impossibilité de vivre contre sa nature, de la mélancolie de la vie adulte et des difficiles relations familiales (sujet déjà exploré par Wes Anderson dans *The Royal Tenenbaums*, 2001). Chassez le naturel, il revient au pas feutré du renard : malgré son élégant tweed jaune, il reste la terreur des poulaillers.

Alors que nos bestioles roulent à toute berzingue sur une moto dans la campagne, Fox s'arrête pour faire signe à un loup au loin. Le renard l'interpelle par son nom scientifique : « *Canis lupus* ». Et se présente : « *Vulpes vulpes* ». Pas de réponse. « Je ne pense pas qu'il parle anglais ou latin », dit le goupil en aparté avant de l'interroger en français. Il montre ainsi sa culture, creusant le fossé qui le sépare de ce cousin sauvage, de l'état de nature. Les larmes montent aux yeux du renard et la seule réaction de ce loup mystérieux est un poing en l'air, fier, sur une musique d'Alexandre Desplat (inspirée par Morricone). Sa liberté est-elle si fantastique ?

“Touche pas au grisbi, salope !”

Alors qu'il doit mettre de l'ordre dans les affaires criminelles d'un ami mourant, Fernand (Lino Ventura) se retrouve attablé dans une arrière-cuisine avec d'autres malfaiteurs où l'alcool et les bons mots, écrits par Michel Audiard, coulent à flots. La tension monte d'un cran lorsque Patricia (Sabine Sinjen) fait irruption et remarque sur la table une liasse de billets. Maître Folace (Francis Blanche) se saisit alors violemment de son bras en hurlant « Touche pas au grisbi, salope ! », tandis que la caméra se rapproche de ses yeux qui clignent fébrilement.

Cette sortie est une référence directe au film *Touchez pas au grisbi* (Jacques Becker, 1954), lui aussi adapté d'un roman d'Albert Simonin. Le *grisbi*, c'est l'argent, le pognon qui fait perdre ses moyens au tonton nerveux. Substantif à l'origine obscure (peut-être héritier du *griset*, monnaie du XIXe siècle), cet archaïsme savoureux renforce la clandestinité de l'atmosphère. L'argot des malfaiteurs nous convie à une table qui, d'ordinaire, nous est interdite. La *salope* ne désigne plus comme au Moyen Âge une personne malpropre, mais bien la femme aux mœurs jugées légères, qui n'est pas conviée dans ce cénacle masculin.

Réalisation : Georges Lautner
Scénario : Albert Simonin
Dialogues : Michel Audiard

Les hommes ont donc le pouvoir exclusif des armes et de l'argent, mais aussi celui, excluant, de la parole. Aucune réplique majeure n'est prononcée par une femme et aucun personnage féminin ne peut s'asseoir autour de la table ou donner son avis sur les liqueurs. Même la « Polonaise qui en boit tous les matins » est reléguée au rang de simple anecdote.

Derrière les bons mots se cachent parfois des comportements de brutes. La réplique fait-elle mouche pour de bonnes raisons ? Pourquoi une insulte sexiste a-t-elle autant fait rire en son temps ? Y aurait-il un arrière-goût de machisme chez Audiard ? « Y en a ! » répondraient sans doute en chœur ses personnages.

“ Je vais lui faire une offre qu’il ne pourra pas refuser ”

“I’m gonna make him an offer he can’t refuse”

Vito Corleone (Marlon Brando) rassure son filleul, le chanteur de charme Johnny Fontane (Al Martino), dans le premier opus de la grande fresque mafieuse de Francis Ford Coppola. Le crooner déclinant a besoin du Parrain (*Godfather*) pour figurer au casting du prochain film du producteur Jack Woltz (John Marley). Le refus catégorique de ce dernier n’empêche pas Don Corleone d’arriver à ses fins. L’homme d’affaires hollywoodien « ne peut plus refuser » après s’être réveillé, dans son lit, à côté de la tête coupée de son pur-sang favori, dévoilée au spectateur dans un terrifiant travelling haché de plans de coupe.

Librement inspirée des liens supposés entre Frank Sinatra et la pègre, cette situation, imaginée par Mario Puzo dès le roman original *The Godfather* (1969), inscrit dans la postérité une réplique qui contient toute l’ambivalence des rapports humains de cette famille mafieuse : la violence n’est jamais très loin de la générosité.

The Godfather
Réalisation : Francis Ford Coppola
Scénario : Mario Puzo
D'après le roman éponyme de : Mario Pozo, 1969

L'offre est-elle si gratifiante que personne ne peut y renoncer ? Le spectateur sait que, dans la bouche du Parrain, ces mots résonnent comme une condamnation : dire que l'on ne peut pas refuser suppose en creux l'obligation fatale d'accepter. Dès lors, le terme *offre* se pare d'une ironie délicieusement cruelle : que vaut une offre à laquelle il est impossible de se soustraire ? L'offre n'en est pas une, l'accepter n'est pas un choix. L'ironie de la réplique rejoint celle du scénariste : « Derrière chaque fortune se cache un crime », mettait-il en exergue du roman original, citant Balzac. L'Amérique d'après-guerre n'échappe pas à la règle, à l'image de la bonne fortune de Fontane. Il se dit d'ailleurs que Puzo emprunte au *Père Goriot* cette « proposition » de Vautrin, que Rastignac « ne pourrait pas refuser ». Mais faut-il en mettre sa tête à couper ?

Le mot de Patrice Leconte

Si cette offre était proposée par un personnage comique, aucune inquiétude ne nous gagnerait. Alors que là, on craint le pire. Comme quoi, tout dépend donc de « qui dit quoi à qui ».

“J’ai les mains faites pour l’or et elles sont dans la merde”

“My hands are made for gold and they are in shit”

Tony Montana (Al Pacino) est un petit lascar cubain, qui vient faire fortune en Floride. Il est persuadé qu’il a les mains « faites pour l’or », comme tous les hallucinés du rêve américain. Sauf que les qualités qui lui offrent une ascension fulgurante vont aussi causer sa perte. La volonté de puissance de ce personnage nietzschéen est magnifiée par la caméra et un Pacino extatique.

Brian De Palma reprend le *Scarface* de Howard Hawks (1932) en remplaçant Chicago, l’immigré italien et l’alcool de la prohibition par Miami, un Cubain et la cocaïne – beaucoup de cocaïne. Quand l’original est un film noir manichéen, l’adaptation est une avalanche de *fuck* et de violence dans une esthétique baroque floridienne aux décors clinquants. Il n’y a pas de gentils et de méchants, mais une corruption généralisée dans laquelle les magistrats et la police sont aussi pourris que les gangsters. Le propos n’est pas politique, mais visuel – et nimbé d’une bande originale du pape du synthétiseur, Giorgio Moroder, qui a fait jurisprudence.

Scarface • 1983

Réalisation : Brian De Palma
Scénario : Oliver Stone
D'après le roman éponyme de :
Armitage Trail, 1930

Oliver Stone (*Platoon*, 1986 ; *Wall Street*, 1987), lui-même addict à la coke (comme une bonne partie d'Hollywood à l'époque), est venu à Paris pour se sevrer et écrire le scénario. Il a mené des recherches poussées sur le trafic pour ce film qui est sa « lettre d'adieu » à la poudre. Tout est boursouflure gratuite et délibérée dans *Scarface* : les litres de sang, l'argent, la drogue, la vulgarité, le crime, etc. Cette démesure, à laquelle il faut ajouter une immense performance d'acteur, fait que ce film débauché est devenu littéralement culte, comme cette réplique qui condense à elle seule tout le film. D'ailleurs, la VF a contribué à son succès en France, en particulier dans l'imaginaire populaire d'une jeunesse qui aurait bien voulu être dorée. L'image de Pacino le balafré est une idole marketing, un veau d'or qui promeut la merde des ambitions assassines.

« — Qu'est-ce que tu as fait pendant toutes ces années ? — Je me suis couché tôt »

"— What have you been doing all these years?
— I've been going to bed early"

L'avenir appartient-il à ceux qui se lèvent tôt ? Dans cette monumentale fresque mafieuse de Sergio Leone, c'est le passé qui hante ceux qui se couchent trop vite. Tourmenté par la perte de ses amis d'enfance, dont il a indirectement contribué à la mort, Noodles (Robert De Niro) se replonge dans ses souvenirs de jeunesse, des petits trafics du Lower East Side new-yorkais jusqu'au crime organisé en pleine prohibition.

Mais la réplique n'est pas celle d'un gangster flamboyant : elle est prononcée par un personnage vieillissant, au moment des retrouvailles avec son dernier ami, le débonnaire Fat Moe (Larry Rapp), dans les années 1960. Se coucher tôt, c'est faire profil bas, une manière pour Noodles de signifier que ses années folles, nocturnes et clandestines, sont derrière lui. Il s'est rangé pour devenir un Américain de classe moyenne à la vie ordinaire. C'est aussi une marque de son vieillissement : se couchent tôt ceux qui ne tiennent plus debout lorsque la nuit tombe. C'est surtout une bien mélancolique confession qui tombe comme un lapidaire couperet : celle d'un homme dévoré par le temps, qui s'est résolu à exister sans vivre, englouti par « toutes ces années » passées à ne rien faire. La question posée convoque le récit d'actions passées. La réponse, en contrepied, est un triste aveu d'inaction.

Once Upon a Time in America
Réalisation : Sergio Leone
Scénario : Sergio Leone, Piero De Bernardi, Franco Ferrini, *et al.*

Ce magistral troisième volet de la trilogie américaine de Sergio Leone (*Il était une fois dans l'Ouest*, 1968 ; *Il était une fois la révolution*, 1971) emprunte les chemins sinueux d'une narration destructurée par l'opium et les regrets. « Longtemps, je me suis couché de bonne heure », nous dit Marcel Proust au début de sa *Recherche* (*Du côté de chez Swann*, 1913) : assurément, Noodles pleure son temps perdu.

Le mot de Patrice Leconte

L'avenir, paraît-il, appartient à ceux qui se lèvent tôt. Ça tombe bien : je suis du matin. Et je suis donc heureux que l'avenir m'appartienne. Est-ce que Sergio Leone, lui-même, se levait tôt ? Sans doute, car, quand on tourne des films, les horaires sont toujours terriblement matinaux. Et il n'est pas concevable que l'équipe se tourne les pouces ou boive des cafés à la table régie, en attendant que le réalisateur arrive.
Si on se lève tôt, il vaut mieux ne pas s'être couché tard, sous peine d'être flagada toute la journée. Autrement dit, l'avenir appartient aussi aux gens qui se couchent tôt. D'où la pertinence de cette réplique de De Niro, vieilli par de très longues séances de maquillage aux aurores.
Une remarque cependant : les ouvriers qui pointent le matin à 6 heures ont-ils un avenir qui leur appartient davantage qu'aux nantis qui se prélassent dans des draps de soie jusqu'à midi ?

“— Et toi, t’as tué du monde ?
— Juste des flics.
— Pas des vraies personnes ?
— Juste des flics”

“— You kill anybody? — A few cops.
— No real people? — Just cops”

Six braqueurs avec des noms de code sont engagés par Joe Cabot (Lawrence Tierney) pour voler des diamants, mais le casse tourne au vinaigre. Un à un, les gangsters se retrouvent dans un entrepôt pour essayer de comprendre ce qu’il s’est passé. Mr Orange (Tim Roth) agonise au sol, Mr Blonde (Michael Madsen) torture un flic, Mr Pink (Steve Buscemi) et Mr White (Harvey Keitel) se disputent et essaient de trouver qui est la taupe parmi eux.

Réalisation : Quentin Tarantino
Scénario : Quentin Tarantino

Alors qu'ils reconstituent leurs souvenirs du braquage raté, Pink dit qu'il a tué deux ou trois policiers, demande à White son bilan et s'il a tué de « vraies personnes ». Keitel répond sur un ton très sérieux, alors que ce petit dialogue écrit par Tarantino (également acteur du film, dans le rôle de Mr Brown) laisse le spectateur avec un grand sourire. C'est le fantasme du gangster pour qui les policiers ne comptent pas. Comme dans un jeu vidéo. Cette banalisation de la violence comme programme esthétique est précisément ce qui fait la singularité du cinéma de Tarantino.

Ce premier long métrage a déjà tout de son style : le sadisme tranquille, la culture pop, la vulgarité sanguinolente, une narration non linéaire ou encore des dialogues interminables mais ciselés qui occupent une place centrale dans l'intrigue. D'ailleurs, dans la scène finale, alors que tout le monde pointe son flingue sur quelqu'un d'autre (situation fétiche de Tarantino qu'on appelle une *impasse mexicaine*, « *a Mexican standoff* »), Nice Guy Eddy (Chris Penn) tente une sortie de crise : « *Let's just put our guns down and let's settle this with a fucking conversation* » (« On va ranger nos flingues et régler tout ça avec une bonne conversation »). Cette fois, pas sûr que ça suffise à calmer les chiens.

“Toi, tu fais ton truc comme tu le sens, et de mon côté je fais la même chose”

“You do what you do. And I do what I gotta do”

Neil McCauley (Robert De Niro), ex-taulard ombrageux, braque un fourgon blindé avec son équipe. Cela se finit dans un bain de sang et c'est le fougueux lieutenant Vincent Hanna (Al Pacino) qui est chargé de l'enquête. Ce dernier remonte la trace des criminels dans Los Angeles et McCauley comprend qu'il est surveillé. Les deux hommes se livrent alors un duel à distance qui tourne à l'obsession réciproque.

C'est le combat des dieux. Pacino et De Niro ensemble à l'écran, au sommet de leur art, c'est un événement (ils avaient joué dans *Le Parrain, 2e partie*, mais jamais ensemble). Tout le dispositif fait monter la pression. Le face-à-face aura-t-il lieu ? On trépigne pendant une bonne partie du film avant que, de guerre lasse, le bon et la brute finissent par se retrouver dans un café de Beverly Hills où Pacino lance cette réplique. La symétrie et les circonlocutions deviennent une sorte de danse provocante, une passe d'armes à blanc. La tension dramatique aurait souffert d'un exposé trop démonstratif. S'ensuit une leçon de vie du flic au malfrat, paradoxalement jumeaux. On comprend de cette scène clé qu'il n'y aura d'autre issue que la lutte à mort virile.

Réalisation : Michael Mann
Scénario : Michael Mann

Michael Mann ne fait jamais apparaître les deux acteurs sur le même plan, mais il utilise deux caméras qui filment simultanément champ et contrechamp. Ce parti pris montre l'antagonisme insoluble entre ces deux prédateurs nocturnes. L'intensité allégorique est à l'image de tout ce polar, à la technique remarquable, entre les jeux de sons, les grandes perspectives à la John Ford ou la psychologie éruptive des personnages. Peut-être Mann a-t-il eu peur de son ombre puisque *Heat 2* est d'abord sorti en livre (2022). Sans les deux gangsters sacrés du cinéma américain, ça n'aura probablement pas la même chaleur.

“Attendez un peu, vous n’avez encore rien entendu !”

“Wait a minute, wait a minute. You ain’t heard nothin’ yet!”

Premier film sonore de l’histoire du cinéma, *Le Chanteur de jazz* repose pourtant sur de nombreux malentendus. L’histoire de ce jeune musicien juif, joué par Al Jolson, qui reconquiert le cœur de son père depuis les planches de Broadway, est parcourue de thèmes musicaux et de gesticulations qui n’ont pas grand-chose à voir avec le jazz et ses chanteurs ; la méprise culminant jusqu’au tristement célèbre *blackface* du héros. D’ailleurs, ce film prétendument parlant fonctionne en réalité encore comme un film muet, avec des intertitres comme jalons du récit. Et c’est un lecteur phonographique qui reproduit en projection les 281 mots enregistrés sur les disques gravés du système Vitaphone, que la Warner développe à l’époque.

The Jazz Singer
Réalisation : Alan Crosland
Scénario : Alfred A. Cohn
D'après une nouvelle de : Samson Raphaelson, *The Day of Atonement*, 1925
Musique : Louis Silvers et Irving Berling

Autant de malentendus et, pourtant, « vous n'avez encore rien entendu », car le film est conscient de son impact sur les spectateurs. Al Jolson s'adressant dans cette scène autant à son public diégétique (qui fait partie de l'action filmée) qu'à son audience extradiégétique (les spectateurs dans la salle de cinéma), dont l'enthousiasme est immédiat. La réplique ouvre ainsi, par une mise en abyme vertigineuse, une nouvelle ère audiovisuelle, même s'il faut attendre un peu pour que la technique soit au point.

Dans *Aviator* (Martin Scorsese, 2004), Howard Hugues (Leonardo DiCaprio) résume l'enjeu avec fracas devant une projection du même film :

> « C'est cela que les gens veulent maintenant, le muet ne vaut plus rien. »

“I like to be in America!”

“J’aime vivre en Amérique !”

Roméo et Juliette à la sauce *fifties*. Les familles véronaises sont remplacées par deux gangs new-yorkais de l’Upper West Side : les Jets, immigrés européens, et les Sharks, immigrés portoricains. Alors que Tony (Richard Beymer), ancien *boss* des Jets, cherche à prendre ses distances avec le gang, il tombe amoureux de Maria (Natalie Wood), sœur du chef des Sharks. Les deux amants maudits décident de s’aimer malgré les haines. Le balcon shakespearien devient l’escalier de secours d’un immeuble en briques. Mais peut-on jamais renier les siens ?

Sur l’éternelle musique de Bernstein, *West Side Story* est un condensé d’histoire américaine. Des communautés installées s’estiment davantage à leur place que les nouveaux venus *latinos*. Mais tous ont migré avec l’espoir de vivre le rêve américain. « *I like to be in America* », c’est le cri du cœur doux-amer des New-Yorkais d’adoption. D’un côté, Anita (Rita Moreno) vante les États-Unis (ses *buildings*, sa croissance économique, ses machines à laver) tandis que, de l’autre, Bernardo (George Chakiris) rappelle une réalité moins rose : racisme, misère, égoïsme et violence.

Réalisation : Robert Wise et Jerome Robbins
Scénario : Ernest Lehman
Musique : Leonard Bernstein
D'après la comédie musicale éponyme de :
Arthur Laurents, Stephen Sondheim
et Leonard Bernstein, 1957

L'enthousiasme d'Anita n'a plus de sens aujourd'hui. En 2021, Steven Spielberg réalise un *reboot* de *West Side Story*, dont il reprend tous les ingrédients (et même Rita Moreno). Ce n'est pas une copie académique mais une variation sur ce drame musical. En 1961, le film s'ouvrait sur un plan aérien de Manhattan (petite révolution technique). En 2021, il débute sur les gravats d'un quartier détruit dont on expulse les habitants. Avec subtilité, Spielberg nous montre ainsi que la guéguerre identitaire a encore moins de sens si l'on se bat pour un champ de ruines. La haine n'est que la pathétique panique d'une nation qui croit trop à ses racines. Pourrait-on encore chanter qu'on aime y vivre ?

“Mon amour, je t’attendrai toute ma vie”

Geneviève (Catherine Deneuve) travaille avec sa mère (Anne Vernon) dans sa petite boutique de parapluies. Guy (Nino Castelnuovo) est mécano dans un garage et vit chez sa tante. Ils tombent amoureux, vont voir *Carmen* au théâtre, songent à se marier. Mais Guy est appelé pour l’Algérie et la mère de Geneviève souhaite pour elle un meilleur parti, pour éponger ses dettes.

Réalisation : Jacques Demy
Scénario : Jacques Demy
Musique : Michel Legrand

Les deux amants se promettent de s'attendre et de ne pas s'oublier. Dès la célèbre chanson des adieux (que l'on doit, comme toute la musique, à l'indépassable Michel Legrand), on comprend que quelque chose cloche. Notre réplique est trop définitive pour des amours adolescentes. Geneviève ne dit pas qu'elle l'attendra deux ans, le temps qu'il revienne de la guerre, mais « toute [sa] vie ». Le superlatif n'est malheureusement pas gage d'éternité. Il montre l'immaturité de personnages condamnés à ne plus se trouver. Les cœurs sont déchirés par les promesses non tenues, l'amour est mis à l'épreuve par la lâcheté et le poids étouffant de la société. Le drame qui s'y noue, Racine dans la France du Général, n'a pas d'âge :

> « C'est drôle, l'absence. [...] Quand je regarde cette photo, j'oublie jusqu'à son visage, et quand je pense à lui, c'est cette photo que je vois. »

Le cinéma est une longue histoire d'emprunts et d'hommages. Dès le générique de ce premier film entièrement chanté, Jacques Demy nous rappelle *Chantons sous la pluie* (Donen, Kelly, 1952). Et il inspire beaucoup Damien Chazelle pour *La La Land* (2016), à la chorale *big band* et à la morale plus individualiste. Lorsque nos amants se retrouvent, dans une station-service enneigée, ils ne peuvent pas parler de ce qu'il s'est passé. Et on ne peut pas retenir nos larmes devant cet amour naguère insubmersible, échoué tel un rafiot sur les rives de Cherbourg...

“You’re the one that I want”

“Tu es celui/celle que je veux”

Été 1958. Sandy (Olivia Newton-John), jeune Australienne en vacances aux États-Unis, et Danny (John Travolta), chef gominé d’un gang lycéen, tombent amoureux sur la plage. Mais la fin de l’été interrompt leur idylle. À la rentrée, ils se retrouvent par hasard à l’école. Tout semble désormais les opposer, mais ils décident quand même de s’aimer, sur fond de guerre entre bandes rivales.

À la fois réplique, déclaration d’amour et chanson, « *You’re the one that I want* », littéralement « tu es celui/celle que je veux », sonne comme un *Roméo et Juliette* pour la jeunesse d’après-guerre qui s’émancipe de la tutelle de ses parents. C’est la primauté de l’amour et du choix (*I want*).

Adapté de la comédie musicale de Broadway du même nom (1971), *Grease* est devenu culte grâce à ses chansons pop-rock rythmées, au boogie-woogie énergique et coloré porté par des comédiens charismatiques. Cette chanson, de même que *Summer Nights* ou *Greased Lightnin’* sont autant de tubes pour le hit-parade que de souvenirs pour la jeunesse des *seventies*, enivrée d’une Amérique de carte postale. Le déhanché ébouriffant de Travolta en jeune premier (qui lui vaudra en 1977 le premier rôle de *Saturday Night Fever*) ne doit pas faire oublier son personnage assez caricatural et une manière assurément sexiste de dépeindre les amours adolescentes. Si tous les films ne vieillissent pas admirablement, sauvons ici tout de même les courses de voitures dignes de *Ben-Hur* et une certaine idée de l’insouciance.

Réalisation : Randal Kleiser
Scénario : Allan Carr et Bronte Woodard
D'après la comédie musicale éponyme de :
Jim Jacobs et Warren Casey, 1971

Le fossé qui sépare les deux amoureux et les haines claniques qui traversent le film rappellent aussi *West Side Story* (1961). Comme si Broadway et Hollywood ne parvenaient pas à s'émanciper du mythe de Leonard Bernstein. Lorsque les monuments font de l'ombre, tous les scénaristes font *Grease* mine.

Le mot de Patrice Leconte

Les films que nous aimons nous font vivre des vies dont on adorerait qu'elles soient les nôtres. Comment ne pas partir dans des rêveries idéales quand on se projette dans les personnages qui, plus grands que nous, envahissent l'écran ? Comment ne pas être bouleversé si quelqu'un nous dit : « Tu es celui/celle que je veux » ? Et si nous sommes bouleversés, c'est parce que nous aimerions que cela nous arrive, au détour d'une rue, au cours d'une soirée, ou même d'un enterrement, peu importe, l'essentiel étant que cela nous arrive.
Manque de pot, cette réplique est prononcée par la regrettée Olivia Newton-John et il y a peu de chances pour que nous la rencontrions dans la rue ou à une soirée.
Décidément, la vie est mal faite.

“We are on a mission from God!”

“On est en mission pour le Seigneur !”

Costards, chapeaux courts, lunettes noires et chaussettes blanches. En un coup d'œil, impossible de ne pas reconnaître Jake (John Belushi) et Elwood (Dan Aykroyd), les *Blues Brothers*, orphelins rétifs à l'autorité, rockeurs flegmatiques et jazzmen rigolards.

Alors que Jake vient de sortir de la prison de Joliet, dans l'Illinois, les deux frères apprennent que l'orphelinat catholique où ils ont grandi est endetté et doit fermer. Décidés à sauver cet établissement d'utilité publique et son autoritaire mère supérieure, la Pingouine (Kathleen Freeman), ils ressortent l'harmonica et les guitares avec leurs anciens musiciens et se lancent dans une tournée. Ils alternent entre titres mythiques et compositions originales, avec les plus grands noms de la chanson américaine (Aretha Franklin, Ray Charles, James Brown ou Cab Calloway, excusez du peu). Mais ces cabotins se font beaucoup d'ennemis, entre la police de Chicago, des nazis, des chanteurs de country et une ex-fiancée enflammée.

Réalisation : John Landis
Scénario : Dan Aykroyd et John Landis
Musique : Elmer Bernstein

Face aux refus des autres musiciens, aux courses-poursuites perdues d'avance et aux idées foireuses, Elwood a une phrase fétiche, qui semble autant être un argument d'autorité malhonnête que l'amusant fondement de sa nonchalance : puisque c'est pour sauver les bonnes sœurs, c'est qu'ils sont en mission, envoyés par Dieu ! Tout va bien, donc.

Ce qui était à l'origine un sketch musical du *Saturday Night Live* est devenu un film génial et déjanté, qui érige la musique en style de vie, la cavale en art, et l'amitié des frères du blues en pansement pour nos blessures. *Everybody needs somebody to rock.*

“C’est normal, je suis belle et riche alors qu’elle est laide et pauvre”

Années 1950. Le riche patriarche d’une maison bourgeoise est retrouvé assassiné, un couteau dans le dos, alors que la neige empêche les allées et venues à la veille de Noël. Une des huit femmes de la maison est coupable : son épouse froide et intéressée Gaby (Catherine Deneuve), sa belle-sœur revêche Augustine (Isabelle Huppert), sa sœur Pierrette (Fanny Ardant) qui le fait chanter, ses filles Suzon (Virginie Ledoyen) et Catherine (Ludivine Sagnier), la gouvernante madame Chanel (Firmine Richard) ou la femme de chambre et amante Louise (Emmanuelle Béart). Seule Mamy (Danielle Darrieux) semble hors de cause.

Réalisation : François Ozon
Scénario : François Ozon et Marina de Van
D'après la pièce de théâtre éponyme de :
Robert Thomas, 1958
Musique : Krishna Levy

Casting XXL pour cette intrigue que n'aurait pas reniée Agatha Christie (le dispositif – un manoir bloqué par la neige – ressemble d'ailleurs farouchement à celui de *The Mousetrap*, 1952). Mais François Ozon se joue des codes et des genres, en mélangeant la partie de Cluedo à une comédie musicale, l'embrouille à des chorégraphies colorées. Entre les robes à nulle autre pareille et les porte-cigarettes qui fument dans la pénombre, chaque actrice interprète une chanson populaire, qui dit un peu de sa personnalité. L'anachronisme des musiques choisies apporte un décalage qui dynamise le film.

Avec une condescendance royale qui lui sied à merveille, Gaby (Deneuve) lance à sa fille, à propos d'Augustine (Huppert) : « Ta tante est dévorée de haine et de jalousie à mon égard. » Monstre sacré contre monstre sacré. Puis s'ensuit cette réplique sur la beauté et la richesse qui dit tout des préoccupations de ce personnage vénal et superficiel. Ce sont précisément ces deux qualités, ou leur absence, qui font que les deux femmes sont toutes les deux suspectes. Deux mobiles, la cupidité et l'aigreur, qui s'ajoutent à ceux des autres femmes de ce grand déballage où personne n'est coupable et où tout le monde l'est. Chacune porte sa part de laideur.

“Someone in the crowd”

“Quelqu’un dans la foule”

Une personne dans la foule pourrait bien être celle que vous devez rencontrer… Encore faut-il être prêt à être trouvé ! Dans le ballet des robes de soirée, cette chanson nous rappelle que la chance sourit aux esprits préparés. Après le psychologique *Whiplash* (2014) et avant le grandiloquent *Babylon* (2022), Damien Chazelle met en scène cette comédie musicale pop-jazz colorée, sur un tempo ébouriffant à la baguette de son compositeur-colocataire Justin Hurwitz.

Deux artistes cherchent fortune dans Los Angeles. Mia (Emma Stone) veut devenir une star d’Hollywood et Sebastian (Ryan Gosling), un grand pianiste de jazz. Le hasard de la foule en fait des amoureux transis et touchants.

Réalisation : Damien Chazelle
Scénario : Damien Chazelle
Musique : Justin Hurwitz

Au début du film, *Someone in the crowd* permet de mieux connaître Mia. Les modulations de volume et les ruptures de rythme, de l'allegro explosif au piano rubato mélancolique, sont à l'image de ses hésitations. On comprend qu'elle n'est pas à sa place dans les soirées mondaines où, pourtant, elle est censée trouver la personne qu'il lui faut. Le film joue sur l'ambiguïté : la personne qu'il lui faut est-elle un cinéaste ? un producteur ? Ou bien cet amour inattendu ? Sauf que cette romance passe finalement au second plan, occultée par les passions qui animent les deux personnages principaux. Derrière leurs ambitions, dirions-nous, non sans une certaine tristesse. Là où la lâcheté et les convenances séparaient les amants des *Parapluies de Cherbourg*, c'est ici la carrière qui les détourne d'une vie à deux.

Réjouissons-nous que chacun puisse mener la vie de son choix. Mais il faut un cœur ouvert pour trouver l'autre dans la foule épaisse de la cité des anges et des étoiles.

« Maintenant, elle va marcher beaucoup moins bien, forcément ! »

Antoine Maréchal (Bourvil) est un représentant de commerce un peu niais. Il est en train de partir en vacances en Italie quand sa 2 CV bleue est emboutie par la Rolls Royce d'un homme d'affaires, Léopold Saroyan (Louis de Funès). Ce dernier propose alors de lui financer son voyage et de lui prêter sa Cadillac. Mais la belle voiture n'est pas un cadeau : c'est un convoi illégal, avec de l'or dans le pare-chocs, de l'héroïne dans les ailes, des pierres précieuses dans la batterie et le plus gros diamant du monde dans le volant !

La deudeuche de Bourvil se disloque littéralement après son accident sur la place Sainte-Geneviève (Paris). Tout est théâtral dans cette scène et c'est probablement pour cela qu'elle est marquante. Il ne lui reste plus que son volant dans les mains. Quand de Funès, de mauvaise foi, lui demande quel est le problème alors qu'il est évident, Bourvil improvise cet euphémisme aussi candide que délicieux : « Elle va marcher beaucoup moins bien, forcément ! » Euphémisme, car l'automobile ne marchera pas moins bien, mais plus du tout. Les effets spéciaux artisanaux sont aussi assez remarquables : il a fallu scier la voiture en 250 morceaux, puis la remonter avec des crochets équipés de petits explosifs pour la faire voler en éclats au moment voulu.

Le terme *corniaud* remonte au moins au XVIIe siècle (on dit alors *corneau*). Son sens de « chien bâtard » découle de la *corne*, qui signifiait aussi « coin » (car le bâtard est conçu au coin d'une rue). Mais il est probable que le sens de « niais » vienne plutôt des cornes du mari trompé, comme notre *corniaud* humilié par un riche en costume.

Réalisation : Gérard Oury
Scénario : Gérard Oury et Marcel Jullian
Dialogues : Georges et André Tabet

Le film est inspiré d'une histoire vraie, liée à la French Connection : un journaliste français prétendait avoir été dupé, car sa voiture avait servi à transporter de l'héroïne aux États-Unis. Après le succès du film, on retrouve un an plus tard le trio Oury-Bourvil-de Funès à l'affiche de *La Grande Vadrouille*. Encore un carton.

Le mot de Patrice Leconte

Quand vous faites s'affronter une Rolls et une 2 CV, et que les deux véhicules s'emboutissent, on sait d'avance lequel va tenir le choc et lequel va être réduit à un nombre impressionnant de pièces détachées. Visuellement, ce carambolage est déjà fort plaisant en soi. Mais il ne serait qu'un gag d'accessoiriste mécanicien sans cette réplique, que Bourvil joue à merveille, avec la candeur et la naïveté qui le rendaient si émouvant. Surtout quand on se souvient qu'il dit ces quelques mots avec le volant de sa 2 CV dans les mains, désormais relié à rien. Il est là, désemparé, sa voiture en mille morceaux, il ne se rebelle pas, ne hurle pas, il est juste déconfit, désolé. Bourvil, en faux niais, était infiniment touchant.

“Elle m’a changé en grenouille… mais je vais mieux ! ”

“She turned me into a newt… I got better!”

Le brave roi Arthur (Graham Chapman), suivi par ses empotés chevaliers de la Table ronde, est à la recherche du Saint Graal. Mais les obstacles sont nombreux sur la route. Entre le chevalier noir, le terrifiant lapin tueur, les jeunes filles tentatrices ou les paysans anarcho-syndicalistes, la joyeuse troupe d’humoristes des Monty Python nous offre une succession de sketchs burlesques dont eux seuls ont le secret. Petit budget oblige, Arthur n’a, en guise de destrier, qu’une noix de coco coupée en deux qui rappelle le bruit des sabots.

Une foule furieuse apporte une prétendue sorcière à Sir Bedevere le Sage, afin de la brûler. Le chevalier, qui rejoint bientôt la bande à Arthur, tente de les détourner de leur idée. Comment savent-ils qu’il s’agit d’une sorcière ? À la manière de Socrate, il leur pose des questions pour les amener à réfléchir. Ils inventent alors tout un tas de bêtises pour continuer de crier haro sur le baudet. Elle aurait transformé un des hommes en grenouille (*newt* en anglais correspond plutôt d’ailleurs au *triton*). Ce n’est pas très convaincant-puisqu'il est devant nos yeux, humain, trop humain. Sommet de la mauvaise foi : il va mieux ! Manière de montrer que la mâle rage de la chasse aux sorcières se passait de bonnes raisons. Finalement, le sort de la jeune fille semble malgré tout scellé, puisqu’elle pèse le même poids qu’un canard.

Monty Python : Sacré Graal ! • 1975

Monty Python and the Holy Grail
Réalisation : Terry Gilliam et Terry Jones
Scénario : Monty Python

L'humour absurde des Monty Python a eu une influence extraordinaire sur le cinéma comique français. Des Nuls aux Robins des Bois, en passant par Quentin Dupieux ou Albert Dupontel, difficile d'imaginer l'humour des *froggies* sans les gags et jeux de mots *so british* de la troupe de Terry Gilliam (le seul Américain de la bande !). Les *rosbifs* auraient donc du bon ? Chut ! pas trop fort quand même, ils pourraient nous entendre...

« Oublie que t'as aucune chance, vas-y, fonce ! »

Les turbulents acteurs et fondateurs du théâtre du Splendid (Josiane Balasko, Michel Blanc, Marie-Anne Chazel, Christian Clavier, Thierry Lhermitte et Bruno Moynot) avaient écrit une pièce de parodie du Club Med. C'est cette pièce (*Amours, coquillages et crustacés*, 1977) qui est adaptée par un certain Patrice Leconte pour devenir *Les Bronzés* (1978). Les gags et scènes du microcosme de plage sont inspirés de choses vues et vécues par les acteurs.

La suite, *Les Bronzés font du ski* (1979), dont est extraite cette réplique, sort un an plus tard.

Le diptyque fait désormais partie des classiques indéboulonnables de la comédie française.

Réalisation : Patrice Leconte
Scénario : Le Splendid

Le mot de Patrice Leconte

Derrière certaines répliques, qui ont fait rire plusieurs générations et qui sont parfois passées dans le langage courant, se cachent souvent des vérités magnifiques.

Autant « Ce qui ne va pas, monsieur Duss, c'est le planté du bâton » ou « Vous avez oublié votre Scrabble » ne sont pas des phrases dont on peut se nourrir à chaque instant de notre existence, autant celle-ci (« Oublie que t'as aucune chance... ») devrait être gravée à jamais dans un coin de notre tête. Parce qu'elle ressemble à une règle de vie. Un peu comme cette banalité frappée au coin du bon sens : « Si on part perdant, on n'a aucune chance d'arriver gagnant. » Souvent, quand je dois affronter un truc incertain, un truc à propos duquel j'ai des doutes, je me rappelle Michel Blanc donnant ce conseil à Gérard Jugnot, et je fonce. Je ne remercierai jamais assez Le Splendid de m'avoir transmis cela (en plus de m'avoir permis de tourner avec eux ce film inusable).

Quand nous avons tourné *Les Bronzés*, notre producteur, Yves Rousset-Rouard, qui avait le nez creux et pressentait un succès, nous avait dit : « Il faut absolument faire une suite », suggérant que les mêmes personnages se retrouvent à la montagne. Nous étions violemment contre, estimant que c'était déchoir que de tomber dans le panneau du numéro 2 (d'autant que nous ne savions pas si le numéro 1 marcherait). Ce en quoi nous avions largement tort, *mea culpa*. Je trouve *Les Bronzés font du ski* meilleur, plus drôle, plus enlevé, plus acerbe, plus réussi (même si c'était largement moins confortable de tourner dans le froid et la neige que dans un club de vacances en Côte d'Ivoire).

« C'est celaaaa, oui... »

Les bénévoles de l'association SOS Détresse Amitié, Pierre (Thierry Lhermitte) et Thérèse (Anémone), tiennent une permanence téléphonique le soir de Noël. Dans leur appartement parisien, on croise cette nuit-là toutes sortes d'hurluberlus : le voisin bulgare (Bruno Moynot) et sa gastronomie douteuse, Zézette (Marie-Anne Chazel) et son mari violent et minable Félix (Gérard Jugnot) déguisé en père Noël, le travesti mélancolique Katia (Christian Clavier), sans oublier la sévère madame Musquin (Josiane Balasko), présidente de l'association, bloquée toute la soirée dans l'ascenseur.

Interprété par la troupe du Splendid, *Le père Noël est une ordure* est une adaptation de leur pièce de théâtre du même nom. Thierry Lhermitte, avec son costume prince de galles assorti au canapé, prend, à de nombreuses reprises dans le film, une contenance mi-empruntée mi-effarée avec son célèbre « C'est celaaaa, oui ». Il s'agit d'un comique de répétition, ou plutôt d'accumulation : à chaque fois que survient une nouvelle extravagance, une visite saugrenue ou une improbable catastrophe, le public rit davantage de l'allongement du *a* et de cette répartie vide de sens. Cette petite phrase, qui n'en est pas une, est la seule à ramener les pieds sur terre quand tout part en vrille, à l'image du respectable Pierre qui perd progressivement patience.

Réalisation : Jean-Marie Poiré
Scénario : Jean-Marie Poiré et Le Splendid
D'après la pièce de théâtre éponyme de : Le Splendid, 1979

Le père Noël ordurier du film n'est qu'une des très nombreuses références marquantes de ce classique de la comédie française. Le gilet-serpillère, les truffes « roulées à la main sous les aisselles », le « Kloug », le zozotement de Zézette, etc. Ceux qui ne l'ont pas vu l'ont quand même vu, grâce aux citations approximatives d'un vieil oncle. Méfions-nous des dîners de Noël.

Le mot de Patrice Leconte

Voici l'origine de cette très courte réplique.
Les six membres du Splendid (Balasko, Chazel, Clavier, Blanc, Jugnot et Lhermitte) avaient tous le même agent. Leur carrière commençait à prendre son envol et ils estimaient que cet agent ne s'occupait pas d'eux comme il aurait dû. Ils décidèrent donc, d'un commun accord, de le quitter. Mais, comme ils ne pouvaient quand même pas débouler tous ensemble dans son bureau, ils tirèrent au sort. Thierry Lhermitte fut désigné et eut donc la difficile tâche d'annoncer le départ du Splendid de l'agence.
Il prend rendez-vous. L'agent le reçoit. C'est un homme assez peu expansif, flegmatique. Thierry lui explique longuement et avec ménagement la décision du groupe.
S'ensuit un silence qui semble durer des siècles. L'agent ne bouge pas un sourcil, et, tirant, impassible, sur son fume-cigarette, laisse tomber : « C'est cela, oui. » Et ce fut tout.
Quand il a découvert *Le père Noël est une ordure*, il a au moins eu l'élégance de ne pas réclamer de droits d'auteur.

« Monde de merde ! »

« Attention, ce flim n'est pas un flim sur le cyclimse ! » George Abitbol (John Wayne), « l'homme le plus classe du monde », meurt en mer pendant une tempête au large de l'atoll Pom Pom Galli. Il expire en lançant « Monde de merde ! » et des journalistes décident d'enquêter sur le sens de ces dernières paroles. L'histoire vous dit quelque chose ? C'est normal, il s'agit du scénario de *Citizen Kane* d'Orson Welles. Ce dernier intervient d'ailleurs pendant le flim pour s'insurger contre ce plagiat, car il n'aime pas trop « les voleurs et les fils de pute ».

Peter (« Pétère », Dustin Hoffman) et Steven (« Stévène », Robert Redford) interrogent les témoins et les proches d'Abitbol, qui racontent leur histoire sous forme de flashbacks – comme dans *Citizen Kane*. On apprend qu'il avait noué une amitié très proche avec un cowboy du « Tegzas », Dino (Dean Martin). Les journalistes comprennent que George a été tué par Yves (Robert Mitchum), jaloux de sa relation avec Christelle (Lauren Bacall). Finalement, George est vivant et explique dans la dernière scène le sens de son énigmatique premier adieu : « C'est un cri de révolte que j'ai lancé à mes frères opprimés. » Puis il interroge Dave (Paul Newman) : « T'as déjà entendu parler de l'hégémonie du grand capital ? »

La Classe américaine : Le Grand Détournement • 1993

Réalisation : Michel Hazanavicius et Dominique Mézerette
Scénario : Michel Hazanavicius et Dominique Mézerette

Avec un mélange d'images d'archives Warner Bros (un *mashup*) et des doublages déjantés qui font dire un peu n'importe quoi aux plus grands acteurs du XXe siècle, *La Classe américaine* est un objet cinématographique non identifié. Entre la parodie et l'hommage, Michel Hazanavicius et Dominique Mézerette ont surtout fait un petit voyage en absurdie, inspiré par Guy Debord, avec de l'humour potache et marxiste. Le montage astucieux utilise en parallèle les scènes de plusieurs classiques du cinéma (en prenant par exemple le champ d'un film et le contrechamp d'un autre, ou bien une scène de voiture vue de l'extérieur et une autre de l'intérieur). On trouve mille répliques géniales dans ces digressions en boîtes qui font l'objet d'un véritable culte. L'interdiction de diffusion dès sa sortie, à cause d'une histoire de droits d'auteur de la Warner, a contribué à renforcer le mythe du plus grand des détournements.

Je ne pense pas qu'il y ait de bonne ou de mauvaise situation...

Pour prouver à César (Alain Chabat) que l'Égypte est une grande civilisation, l'orgueilleuse reine Cléopâtre (Monica Bellucci) ordonne qu'on bâtisse le plus beau des palais jamais construits, au milieu du désert et en moins de trois mois. Elle confie la tâche à l'architecte Numérobis (Jamel Debbouze). Ce dernier, craignant de ne pas pouvoir finir à temps et d'être jeté aux crocodiles, appelle à la rescousse les deux Gaulois les plus célèbres du monde : Astérix (Christian Clavier) et Obélix (Gérard Depardieu).

On ne présente plus les bandes dessinées gauloises de Goscinny et Uderzo. Celles-ci sont désormais régulièrement adaptées en films. La cinquième et dernière adaptation en date en prise de vue réelle (sans compter les dessins animés, donc), *Astérix et Obélix : L'Empire du Milieu* (2023), est signée Guillaume Canet. Mais on dit souvent qu'aucun des passages sur grand écran n'a été aussi réussi que celui réalisé par Alain Chabat.

Il doit son succès à son humour absurde et à une troupe d'acteurs et d'actrices géniaux (notamment les Robins des Bois), parmi lesquels Édouard Baer, dans le rôle d'Otis. Lorsqu'on lui demande s'il considère que sa condition de scribe est une « bonne situation », il répond avec cette réplique qui ouvre un monologue mémorable et... improvisé ! Voilà ce qu'en dit l'acteur dans une interview (2015) :

> « Au début, les producteurs ont prié Alain Chabat de couper cette scène. Incompréhensible et trop longue selon eux. Et après plusieurs années, c'est le moment dont on me parle le plus. Il m'arrive de croiser des jeunes, qui l'ont littéralement apprise par cœur. »

Astérix & Obélix : Mission Cléopâtre • 2002

Réalisation : Alain Chabat
Scénario : Alain Chabat
D'après la bande dessinée de : René Goscinny et Albert Uderzo, *Astérix et Cléopâtre*, 1965

La réplique seule suffit aujourd'hui à évoquer une sorte de fausse subtilité verbeuse, ou bien une réponse trop longue qui ne répond pas à la question posée. C'est aussi et surtout une situation comique désormais inscrite dans la culture collective. Si son monologue eût été plus court, toute la farce du film aurait été changée.

Le mot de Patrice Leconte

Cette réplique, issue d'un film que j'aime beaucoup (là n'est pas la question), est la preuve qu'Otis ne connaît rien à la vraie vie. Car il est évident que certaines situations sont plus agréables que d'autres – les forçats qui construisent le palais de Cléopâtre en savent quelque chose.

“T’es comme le *h* de Hawaï : tu sers à rien !”

Brice (prononcer « Braïce » ; Jean Dujardin) a beau être complètement idiot, il est aussi très sûr de lui. Grâce à l’argent de son père mafieux, il vit une jeunesse dorée insouciante. Son idole, c’est le surfeur Bodhi du film *Point Break* (Patrick Swayze). Sa passion, c’est le surf. Il attend une vague géante, même si à Nice (« Naïce ») la Méditerranée n’offre qu’un clapotis névralgique. Quand son père est arrêté par la police, Brice découvre que la vie est difficile et qu’il n’a pas de vrais amis. Il rencontre Marius (Clovis Cornillac) et ses gros orteils, et comprend qu’il ne sait pas surfer.

Les soirées de Brice sont des *pool parties* chics durant lesquelles il « casse » les gens depuis son plongeoir par des traits d’esprit qu’il croit géniaux. Le « *h* de Hawaï » vaut à sa victime d’être renversée dans la piscine. C’est le niveau zéro de la blague et cela montre son inculture (le *h* se prononce en anglais). Brice a vaguement incorporé un peu de l’Hawaï fantasmé des films (cheveux longs, colliers de fleurs, etc.), archipel d’origine du surf. Tout le dispositif narratif nous montre un antihéros risible, dont le ridicule culmine dans ce *Godot* marin, dans l’espoir de *la* vague dans un rivage sans onde.

Brice de Nice est à l’origine une série de sketchs avec Jean Dujardin. La bêtise des personnages du film nous a laissé quelques passages mythiques (comme ce braquage de banque sur une reprise de *Give Me the Night* de Georges Benson) et des répliques cultes (« J’t’ai cassé ! »). Ces jeux de mots, qui ont tout de l’effet de mode dans les années 2000, permettent de tourner autant en dérision son interlocuteur que soi-même. Car notre faux blond a davantage l’air con que l’air marin. J’l’ai cassé !

Brice de Nice • 2005

Réalisation : James Huth
Scénario : Carine Angeli, Jean Dujardin et James Huth

Le mot de Patrice Leconte

Allez demander aux habitants de Hawaï si le *h* leur paraît inutile. J'entends d'ici leur réponse.
Ce serait comme si on annonçait aux admirateurs de *La Légende des siècles* que l'auteur en est Victor Ugo. Ou que l'avare de Molière s'appelle Arpagon. Sans parler de Johnny Allyday ou de Françoise Ardy.
Malgré toute l'affection que j'ai pour Jean Dujardin, le *h* de Hawaï doit forcément servir à quelque chose... mais à quoi ? Il y a des questions qu'il ne faut pas poser.

« Ça va être tout noir ! »

Nous sommes à l'âge de pierre. La tribu des Cheveux Propres vit en harmonie et détient le secret du shampoing. La tribu des Cheveux Sales se démène pour en obtenir la recette. Mais un crime (et non un meurtre) est commis chez ces derniers. Pierre, le chef des Cheveux Sales (Maurice Barthélemy), missionne Pierre (Jean-Paul Rouve, dit « le Blond ») et Pierre (Pierre-François Martin-Laval) pour mener l'enquête. Cependant que Pierre (Alain Chabat), mystérieux et autoritaire « guérissologue », joue un jeu trouble.

Avec un casting qui mélange des comiques des Nuls et des Robins des Bois à des acteurs confirmés (Gérard Depardieu, Jean Rochefort ou Valérie Lemercier), Alain Chabat offre une comédie préhistorique déjantée qui a – osons le poncif – marqué toute une génération, malgré un échec commercial et des critiques désastreuses à sa sortie.

Réalisation : Alain Chabat
Scénario : Alain Chabat, Maurice Barthélemy, Marina Foïs, Pierre-François Martin-Laval et Jean-Paul Rouve

On retient notamment ses gags entrés dans la culture collective, comme « Vous connaissez ma femme ? », ou bien l'absurde et récurrente annonce du soir par Pierre, le préveneur de nuit (Pascal Vincent), à l'entrée de chaque caverne : « – Ça va être tout noir ! – Ta gueule ! » Dit comme ça, ce n'est pas vraiment drôle. Mais au bout de la trentième fois, cela devient hilarant. C'est là tout le génie d'Alain Chabat : plus un gag est nul, plus il faut insister. Prévenir que « ça va être tout noir » n'est pas de très bon français et, surtout, cela ne sert à rien. La préhistoire avait donc aussi ses emplois fictifs. Le « Ta gueule ! », sorte d'accusé de réception, pourrait aussi être celui du spectateur, qui participe ainsi joyeusement au comique de répétition. Si cet humour de redondance n'a pas les honneurs des commentateurs autorisés, il est de ceux qui impriment le mieux les mémoires. On en rigole encore comme des mammouths laineux.

Le mot de Patrice Leconte

Phrase entendue plus d'une fois dans l'atelier de Pierre Soulages. Et au moment de s'habiller pour un enterrement. Ou quand un scénariste écrit un mélodrame.
Rien de tout ça à la préhistoire.

“Alors, on n’attend pas Patrick ?”

Michel Saint-Josse (Gérard Lanvin) est chirurgien et parisien. Cela lui donne deux raisons de ne pas faire de camping. Une panne de voiture à proximité de celui des Flots Bleus, au Pyla-sur-Mer, le contraint d’y séjourner avec sa fille. Il découvre le « pastis par temps bleu », le Benco, la danse des canards en paréo et Patrick Chirac (Franck Dubosc). Ce vieux beau dijonnais, qui ne voit pas pourquoi il devrait changer de nom, l’initie aux habitudes locales, perturbées par des querelles de couples. Cette comédie familiale s’amuse des clivages sociaux pour mieux les réconcilier : Paris et la province, les riches et la classe moyenne, ceux qui se font deux bises et les autres.

Patrick Chirac est l’incarnation parfaite de ces beaufs, volontiers méprisés depuis que Cabu les a épinglés dans *Charlie Hebdo*. Son marcel rose et son slip kangourou sont les accessoires indispensables à ses goûts douteux. Il s’offusque ici d’un apéro commencé sans lui, sur l’emplacement 17 de Jacky Pic (le regretté Claude Brasseur). Ne pas attendre Patrick serait un scandale, car il se sait faire partie du « noyau dur » des vacanciers. Parler de soi à la troisième personne, c’est sans doute se voir comme un baron local, qui connaît l’importance des rituels dans ces vacances collectives et populaires.

Réalisation : Fabien Onteniente
Scénario : Fabien Onteniente, Emmanuel Booz, Philippe Guillard et Franck Dubosc

La notoriété de la réplique dépasse ainsi largement le succès retentissant du film. Une simple question devenue slogan marketing pour produits dérivés, gifs et mèmes. La réplique reflète la popularité du film autant qu'elle le fait vivre. Elle ouvre la voie à tous ces films populaires volontiers régionalistes, qui forment un véritable sous-genre de la comédie française comme *Bienvenue chez les Ch'tis* (2008) ou *Les Tuche* (2011). Vive les beaufs de France !

« — J'ai peur que sa vie ne soit menacée.
— Par qui ?
— Par une morte ! »

"— I'm afraid some harm may come to her.
— From whom? — Someone dead!"

Scottie (James Stewart) ne peut plus servir dans la police à cause d'un accident lors d'une course-poursuite sur les toits de San Francisco. C'est la panique dès qu'il gagne les hauteurs. Il souffre d'un vertige aussi puissant qu'incontrôlable. Aussi accepte-t-il plus facilement la mission simple que lui confie un vieil ami : suivre son épouse Madeleine (Kim Novak) dont le comportement mélancolique inquiète. Elle serait possédée « par une morte », son arrière-grand-mère maternelle.

Alors que ce dialogue expose l'objet de l'enquête, dans un cadre très classique, la révélation de l'origine de la menace perturbe le dispositif. Un léger travelling, souligné d'un effet musical sinistre, semble valider la réalité d'un mal surnaturel. Cet échange est un exemple intéressant d'artifice utilisé par un cinéaste pour créer une trompeuse impression de danger.

Au fur et à mesure des filatures, l'enquêteur prend la menace de plus en plus au sérieux et nous entraîne dans le tourbillon qui l'aspire, prisonniers de son point de vue pendant une bonne moitié du film. Un prolongement technique est le célèbre double mouvement de caméra expérimenté dans le film (travelling arrière - zoom avant, ou « effet vertigo ») pour nous faire éprouver l'acrophobie du personnage par distortion du réel. Dans les deux cas, Hitchcock leurre le spectateur en le rendant captif de la subjectivité de son personnage.

Vertigo
Réalisation : Alfred Hitchcock
Scénario : Alec Coppel et Samuel Taylor
D'après le roman de : Boileau-Narcejac, *D'entre les morts*, 1954

La véritable clé de voûte de ce coup de maître qui marque l'histoire du cinéma est la rencontre entre Scottie et Madeleine. Lorsque François Truffaut demande à Hitchcock quel serait son scénario idéal, il répond tout simplement : « *Boy meets girl* » (« Un garçon rencontre une fille »). Vertigineux de simplicité.

Le mot de Patrice Leconte

Chez Hitchcock, j'ai aussi été marqué par *Psychose* et la réplique : « La meilleure amie d'un garçon, c'est sa mère. » Sans faire de la psychanalyse de comptoir, du Lacan sur le zinc, je suis bien obligé de me poser quelques questions essentielles et troublantes : le meilleur ami d'une mère, est-ce son fils ? Dans ce cas, qui était le meilleur ami de l'autre en premier ? C'est l'œuf ou la poule.
Hitchcock ne traite pas ce mystère, mais nous effraie avec de nombreux autres.

“He came home!”

“Ça prouve qu’il est revenu !”

Prenez un psychopathe en cavale. Ajoutez quelques jeunes naïfs. Placez le tout dans la nuit d’Halloween au cœur d’une banlieue résidentielle de l’Illinois. Vous obtenez un *slasher* (série de meurtres masqués, souvent nocturnes et à l’arme blanche – comme *Les Griffes de la nuit* ou *Scream*). Mais attention, dans ce cocktail *jack-o-lantern*, le dosage importe. John Carpenter excelle à créer cette ambiance qui fait que le spectateur a peur de son ombre, là où ses succédanés (13 films dans la franchise *Halloween*) sont parfois risibles. Il a d’ailleurs repris la main en tant que producteur de la dernière trilogie (de 2018 à 2022).

À l’âge de 6 ans, Michael Myers a assassiné sa sœur avec un couteau de cuisine. Quinze ans plus tard, il s’évade de l’asile et retourne dans la ville de son enfance. Son psychiatre, le docteur Loomis (Donald Pleasence), a conscience du danger et la jeune Laurie Strode (Jamie Lee Curtis) a un mauvais pressentiment. Comme ailleurs chez John Carpenter, le dispositif scénaristique est simplissime mais redoutablement efficace. Cette ficelle est tressée avec des jeux d’ombres sournoises, une épure musicale lancinante (composée par Carpenter *himself*) et des effets visuels dénués d’artifices techniques, devenus cultes (comme l’apparition du tueur, immobile, en arrière-plan, et sa disparition la seconde suivante).

Halloween
Réalisation : John Carpenter
Scénario : John Carpenter et Debra Hill

Le psycho-killer ne bouge presque pas, n'a pas de visage et ne parle pas. On entend seulement sa respiration bestiale, sur laquelle se termine le film. La violence est peu montrée, à nous de l'imaginer. Lorsque le docteur constate que la pierre tombale de la sœur de Myers a disparu, son « *He came home!* » (« Ça prouve qu'il est revenu ! »), les yeux dans le vague, avec la force de l'évidence, suffit à nous glacer le sang (cette phrase, présente sur l'affiche originale du film, fait rentrer l'horreur dans le foyer – idée qui se perd avec la VF). C'est là tout le génie érotique des bons thrillers : suggérer la terreur pour mieux nous terroriser.

“Here’s Johnny!”

“Coucou, chérie !”

L’écrivain Jack Torrance (Jack Nicholson), en panne d’inspiration, s’installe avec sa femme Wendy (Shelley Duvall) et son fils Danny (Danny Lloyd) à l’Overlook Hotel, pour un gardiennage hivernal dans le Colorado. Confinés par la neige, ils sombrent peu à peu dans la folie alors que les visions d’horreur envahissent leur quotidien. Inspiré d’un roman de Stephen King (pour qui cette adaptation est une trahison), le récit bascule dans l’horreur franche lorsque Jack essaie de massacrer sa famille.

The Shining
Réalisation : Stanley Kubrick
Scénario : Stanley Kubrick et Diane Johnson
D'après le roman éponyme de : Stephen King, 1977

Comment oublier le rictus déformé de Nicholson, qui envahit l'écran à travers la porte défoncée à coups de hache ? Ce n'est pas un diable qui sort de sa boîte mais un père de famille dont l'épouse est devenue une proie saisie de terreur. Jack n'est pas Johnny. Il se présente dans sa folie comme un autre. Il est donc, au sens propre, aliéné, c'est-à-dire étranger à lui-même. Ainsi naît le fantastique : Jack est-il possédé par des forces surnaturelles ou bien en pleine crise psychotique ?

La réplique aurait été improvisée sur le tournage par Nicholson. Elle fait référence à l'émission américaine des années 1980, *The Tonight Show*. L'entrée en scène du présentateur Johnny Carson était accompagnée d'un tonitruant « *Here's Johnny!* ». En temps normal, la réplique annonce donc le début rassurant d'une production familiale. Prononcée dans un déchaînement de violence, elle devient terrifiante, à l'image d'un clown dans un cauchemar coulrophobe. En version française, la réplique est traduite par « Coucou, chérie ! », doublée par Jean-Louis Trintignant, ce qui conserve le décalage perturbant entre la parole et les actes du personnage, sans la référence culturelle qui échappe aux spectateurs francophones. Un cauchemar n'est-il pas d'autant plus perturbant qu'il se nourrit de ce qui nous est familier ?

« À quoi ça sert d'être un fantôme si tu ne peux pas effrayer les gens ? »

"What's the good of being a ghost if you can't frighten people away?"

Deux jeunes mariés (Geena Davies, Alec Baldwin) meurent dans un accident de voiture et deviennent des fantômes, condamnés à hanter leur ancienne maison du Connecticut et ses nouveaux occupants, une famille new-yorkaise dysfonctionnelle. Seule la jeune adolescente gothique (Winona Ryder) parvient à les voir car, contrairement à sa mère snob et son père affairiste, elle sait accepter l'étrange.

Il y a un problème existentiel (ou non existentiel) chez nos amis ectoplasmes, qui constatent amèrement qu'ils ne savent pas faire peur : que vaut un fantôme s'il n'est pas terrifiant ? En désespoir de cause, ils font appel à un spécialiste de l'exercice, soi-disant « bio-exorciste » : Beetlejuice (Michael Keaton). Lubrique et crasseux, cet énergumène (qui n'a rien du gendre spectral idéal) pourrit la vie des vivants, mais aussi des morts.

Que faire lorsqu'on n'est pas capable de jouer le rôle qui nous est assigné ? Cette question d'identité en appelle une autre, que le film ne traite délibérément pas, pour inciter le spectateur à se la poser lui-même : pourquoi, tout simplement, nous assigne-t-on un rôle ? Pourquoi un fantôme devrait-il « servir » à quelque chose ? Et les vivants alors ?

Beetlejuice • 1988

Réalisation : Tim Burton
Scénario : Michael McDowell, Warren Skaaren et Larry Wilson

Le problème philosophique des fantômes montre que Tim Burton aime à se jouer du genre horrifique. Ses films d'épouvante décalés rendent l'horreur comique. Dans cette parodie de *L'Exorciste* (William Friedkin, 1973), les maquillages macabres mélangés aux récits grotesques éclairent la nuit, la mort et le noir d'un jour nouveau. Comme dans cette scène délicieuse dans laquelle les convives d'un dîner se mettent à danser malgré eux sur *Day-O (The Banana Boat Song)* d'Harry Belafonte. Qui a dit que les possédés devaient grimper aux murs et jurer comme Satan ?

Le mot de Patrice Leconte

Ne vous morfondez pas, fantômes qui ne faites pas peur, et pensez à tous ces clowns qui ne font pas rire.

“J’ai été interrogé par un employé du recensement. J’ai dégusté son foie avec des fèves au beurre et un excellent chianti”

“A census taker once tried to test me. I ate his liver with some fava beans and a nice chianti”

« Abstiens-toi de la fève, abjecte nourriture, je te répète ici l’ordre de Pythagore », disait le poète Callimaque au IIIe siècle avant notre ère. Si les raisons de l’aversion du mathématicien grec pour les légumineuses font encore débat, le psychiatre anthropophage Hannibal Lecter (Anthony Hopkins) a bien compris leur portée funeste. Interrogé par l’agent du FBI Clarice Starling (Jodie Foster), alors qu’il est déjà derrière les barreaux, il dévoile sa vraie nature cannibale avec cette réplique délicieusement cruelle.

Si celle-ci glace le sang, c’est par les curieux mélanges qu’elle convoque. Une situation ordinaire (la visite d’un agent recenseur) se termine par un dénouement monstrueux (sa consommation). Le raffinement du repas et des habitudes alimentaires (boire un grand cru) jure avec la violence carnassière à l’œuvre derrière les bonnes manières. L’acteur, habité et imperturbable, prononce le tout dans un sourire et avec délectation. Le curieux chuintement qui suit immédiatement la réplique contraste avec la sophistication de celle-ci, achevant le malaise de la scène.

The Silence of the Lambs
Réalisation : Jonathan Demme
Scénario : Ted Tally
D'après le roman éponyme de : Thomas Harris, 1988

La légende veut que cette phrase soit une manière codée pour Hannibal Lecter de dire à la psychiatre qu'il ne prendrait plus les antidépresseurs prescrits pendant son incarcération. En effet, les fèves, le foie et le vin contiennent tous les trois des taux élevés de tyramine, laquelle est incompatible avec la médication régulant les troubles de la personnalité. Une interprétation un peu indigeste ? Il ne faudrait pas risquer la crise de foie.

« Je vois des gens qui sont morts »

"I see dead people"

Attention, *spoiler*. La tension dramatique de *Sixième Sens* repose en effet sur une révélation qui a lieu à la fin du film. Alors qu'il rentre chez lui, le docteur Crowe (Bruce Willis), psychologue, se fait tirer dessus par un ancien patient, qui l'accuse de l'avoir abandonné avant de se suicider. Il se rapproche plus tard du jeune Cole (Haley Joel Osment), 9 ans, en proie à des crises de panique, qui lui explique voir « des gens qui sont morts ». Sauf que cette réplique est aussi, comprend-on plus tard, la révélation qui renversera complètement le sens du film, car les morts ne sont pas toujours lucides sur leur condition...

The Sixth Sense
Réalisation : M. Night Shyamalan
Scénario : M. Night Shyamalan

Le *divulgâchage* est une pomme de discorde. Il déchire des familles et dissout des amitiés. Pourquoi nous est-il insupportable ? Si les films font appel à notre esprit critique, à notre capacité à interpréter un récit ou une mise en scène, ce degré de lecture n'intervient que dans un second temps. Notre rapport premier et immédiat à une œuvre est affectif. Ce que nous voyons nous émeut. Nous angoissons ou exultons, en empathie avec les personnages. L'art purge les passions en épuisant nos émotions. Et lorsqu'on nous *spoile*, on nous prive de cette catharsis du premier visionnage (et accessoirement, on nous gâche une bonne surprise).

Le renversement final (*twist*) a probablement participé à la grande notoriété de ce film, car personne n'aime être tenu à l'écart des secrets. Savoir manipuler les spectateurs est le sixième sens du scénariste (même si cette ficelle est un peu éculée). C'est avec ce film que M. Night Shyamalan se fait connaître du grand public et s'impose comme une des nouvelles stars du thriller, statut qu'il confirme avec *Incassable* (2000), *Signes* (2002) ou *Le Village* (2004), avant un passage à vide. À la manière d'Hitchcock, il aime intervenir dans ses films sous forme de caméos. Et nous donner des sueurs froides.

“Get out of here!”

“Fous le camp d’ici !”

Chris (Daniel Kaluuya) est un jeune photographe prometteur. Il fréquente Rose (Allison Williams) et doit rencontrer ses riches parents. Chris est noir, Rose est blanche, mais dans le fond, pourquoi cela serait-il un problème ? Sa famille se gargarise d’être progressiste et son père (Bradley Whitford) aurait « voté une troisième fois Obama s’il avait pu ». Mais quelque chose cloche. Une petite fête avec l’élite locale est organisée. Les bruits, les regards, les petits gestes anecdotiques, comme une cuillère dans une tasse de thé, distillent une gêne insidieuse.

Chris n’est pas le seul Afro-Américain que côtoie cette famille bien sous tous rapports. Il y a le petit personnel de maison dont les sourires crispés nous glacent. Et puis il y a un des invités de la *garden party*, Andre (Lakeith Stanfield), qui, dans un costume colonial, a tout l’air du gigolo d’une vieille rombière. Lorsque Chris prend Andre en photo, le flash du téléphone semble profondément perturber ce dernier. Son visage change et il hurle frénétiquement : « *Get out of here!* » (« Fous le camp d’ici ! »). La glace est rompue. Cette scène est la confirmation des intuitions du personnage et du spectateur. On passe de la paranoïa à l’épouvante. Mais on s’en doutait, rien qu’avec le titre du film : alors que la maison est d’ordinaire un refuge protecteur, il faut désormais tout faire pour en sortir.

Réalisation : Jordan Peele
Scénario : Jordan Peele

Get Out traite sans ambages du racisme structurel des élites américaines, des petites réflexions discriminatoires entre la poire et le dessert jusqu'à l'eugénisme chirurgical délirant. Le comique Jordan Peele (connu avec son show *Key & Peele*) est passé au cinéma pour faire peur. Plutôt que de livrer un film de traque aveugle et sanglante, il crée, avec beaucoup de talent et un petit budget, un malaise. Celui d'un week-end glauque à la campagne. Celui d'un pays qui a du mal à sortir des ornières de son histoire.

“Je veux m’échapper, m’échapper de moi ! Mais c’est impossible”

“Aber ich kann nicht! Kann mir nicht entkommen”

Le meurtrier d’enfants Hans Beckert (Peter Lorre) sème la panique dans une cité ouvrière allemande. La pègre double la police et mène elle-même l’enquête, car la situation est mauvaise pour ses affaires. Reconnu par un vendeur de ballon aveugle car il siffle *Dans l’antre du roi de la montagne* d’Edvard Grieg, on lui marque un *M* à la craie dans le dos pour le reconnaître (*M* pour *Mörder*, « meurtrier »). Traqué telle une bête dans toute la ville, M est capturé par la bande criminelle qui entame son procès clandestin dans une usine abandonnée.

M. Eine Stadt sucht einen Mörder
Réalisation : Fritz Lang
Scénario : Fritz Lang, Paul Falkenberg,
Thea von Harbou, *et al.*

Acculé, l'assassin se lance dans un monologue resté célèbre, qui permet au spectateur de comprendre que l'enjeu du film va au-delà de ses crimes sordides. C'est du traitement réservé à la maladie mentale dont il est question : un fou est-il responsable de ses actes ? Un coupable peut-il également être victime de lui-même ? Cette réplique de M traduit un dédoublement de personnalité. À la question de savoir si l'on peut être soi et autre, la foule féroce répond qu'on doit juger les actes. Mais ne doit-on pas juger les hommes ? Et entre le malade mental et la société pré-nazie qui crie haro sur l'aliéné, qui est le vrai monstre ?

La peine de mort est donc ici en partie remise en question par Fritz Lang, qui signe avec *M le maudit* son premier parlant. À partir d'un fait divers, il livre une œuvre où les moindres détails ont un sens, où le mal est au centre d'une mise en scène géométrique, où l'influence expressionniste se traduit dans des jeux de lumière effrayants. Par l'anormalité et la misère d'un homme, Lang nous donne à voir la violence d'une société gangrénée par la peur (ressort qu'exploite à l'envi la propagande nazie dans les années qui suivent). Et l'accablant constat de M devient celui de tous : on ne peut pas s'en échapper.

“Je suis la colère de Dieu”

“Ich bin der Zorn Gottes”

« *I am Spartacus!* » disaient les esclaves dans le film éponyme de Stanley Kubrick (1960) pour protéger leur leader. Plus immodestement, Aguirre (Klaus Kinski), conquistador du XVIe siècle, s'autoproclame « colère de Dieu ». Prononcée au terme d'une expédition hallucinée en Amazonie, alors qu'il dérive sur un radeau envahi de singes verts, la réplique sonne comme l'acmé d'un voyage mégalomane et absurde. Alors que l'expédition est un désastre manifeste, il faut bien du fanatisme religieux à ces conquérants pour continuer à croire en leur destin particulier.

Le tournage d'*Aguirre* s'est déroulé en pleine jungle péruvienne, dans des conditions épiques. Ce naturalisme fait du film un quasi-documentaire sur lui-même. Les Espagnols parlent allemand, les figurants semblent aussi perdus que leurs personnages alors que le son et l'image apparaissent bricolés sans logique. La production est émaillée d'incidents liés au comportement abusif de Klaus Kinski, totalement habité par son rôle. Werner Herzog serait allé jusqu'à le menacer d'un revolver pour le contraindre à tourner.

Cela soulève la question de l'incarnation. Dans cette scène, difficile de savoir qui se cache derrière ce « Je suis » : le comédien extatique ou le personnage délirant ? L'acteur doit-il créer une distance avec son rôle, comme le défendait Diderot en son temps (*Paradoxe sur le comédien*, 1769), ou bien doit-il s'immerger jusqu'à l'identification ? La *method acting* (ou *actor studio*), popularisée par Robert De Niro ou Daniel Day-Lewis, trouve ici une illustration tout à fait effrayante. Jean-Luc Godard préférait dire : « *Je suis* au sens de *suivre* car il vaut mieux *suivre* qu'*être*. » Être ou ne pas être la colère de Dieu, telle serait donc la question. Faut-il pour autant la suivre jusqu'au cœur des ténèbres ?

“Allez les fous, soyez pas mous !”

“Which one of you nuts has got any guts?”

Randall Murphy (Jack Nicholson) se fait passer pour fou pour échapper à la prison et rejoindre un hôpital psychiatrique. Jovial et impulsif, il s’attache peu à peu aux autres patients de l’asile et s’oppose à la tyrannique infirmière, Miss Ratched (Louise Fletcher).

L’anglais *cuckoo* (« coucou ») signifie également « dingue ». La traduction littérale du titre en français, *Vol au-dessus d’un nid de coucou*, nous fait perdre ce double sens et tout lien avec le contenu du film, mais garde un côté poétique que l’on retrouve dans la réplique « Allez les fous, soyez pas mous ! ». Le rusé Murphy exhorte ici ses camarades « fous » (« *nuts* ») à ne pas être « mous » (« *no guts* »), c’est-à-dire à se rebeller contre la psychiatrie chimique et l’autoritaire infirmière-cheffe pour voir un match de baseball. Ce bel octosyllabe avec rime interne double (« ez », « ous ») est une traduction très élégante du décasyllabe rimé anglais : « *Which one of you nuts has got any guts?* »

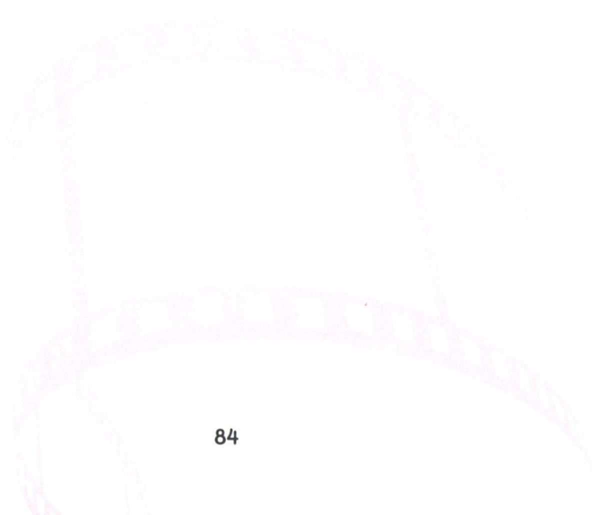

Vol au-dessus d'un nid de coucou • 1975

One Flew Over the Cuckoo's Nest
Réalisation : Miloš Forman
Scénario : Lauwrence Hauben et Bo Goldman
D'après le roman éponyme de : Ken Kesey, 1962

Ce film majeur du réalisateur américain d'origine tchécoslovaque Miloš Forman est une grande métaphore de la résistance à l'oppression et à la dictature, notamment l'URSS de Brejnev, qui internait certains opposants politiques dans des asiles. Dans un système répressif, celui qui s'oppose peut se sentir bien seul, comme Murphy, face à un pouvoir qui contrôle sans le montrer l'esprit des personnes. On peut aussi retrouver dans ce film des thèmes qui intéressèrent le philosophe Michel Foucault, auteur d'une *Histoire de la folie à l'âge classique* (1961). C'est le pouvoir qui définit la folie et l'impose comme une réalité scientifique. La triste fin de Murphy illustre parfaitement comment l'oppression commence par dire qui est fou, avant de rendre littéralement fou...

“Monde fou. Soyez fous pour être sensés”

“狂った今の世で気が狂うなら気は確かだ”

Ran (乱) signifie en japonais « tumulte » ou « désordre ». Un titre tout indiqué pour cette histoire du seigneur de guerre Hidetora Ichimonji (Tatsuya Nadakai), qui provoque une terrible guerre de succession en partageant son fief entre ses trois fils. Reprenant la trame du *Roi Lear* de Shakespeare, transposée en plein Japon féodal, Kurosawa adapte l'histoire du *daimyo* (gouverneur) Mōri Motonari (XVIe siècle), dans un film aux proportions épiques. Dix années sont nécessaires au cinéaste pour peindre chaque plan de son storyboard. Une succession de tableaux qui magnifient les milliers de costumes portés par des centaines de figurants dans des décors colossaux que l'on brûle pour la seule gloire de l'image.

Réalisation : Akira Kurosawa
Scénario : Akira Kurosowa, Hideo Oguni et Masato Ide

Pourtant, c'est dans l'intimité blessée de l'esprit que le film se fait plus spectaculaire encore. Trahi par sa descendance, Hidetora est frappé par la folie, comme Nabuchodonosor avant lui dans la Bible. Ombre errante parmi les herbes hautes, le puissant seigneur s'abaisse avec les bêtes. Les traits grimés comme sur une scène de théâtre *nō*, c'est avec son fidèle bouffon Kyoami (Shinnosuke Ikehata) qu'il retrouve un semblant d'humanité. La subversion est totale : comme chez Shakespeare, le fou n'est pas juste un levier comique qui doit faire rire la cour, c'est le seul qui porte un regard lucide sur le monde, capable de construire un discours de vérité à vocation universelle en rupture avec la société de son temps.

Érasme dit dans son *Éloge de la folie* (1511) qu'il n'y a pas de « pire folie que de vouloir être sage dans un monde de fous ». La réplique du film de Kurosawa fait écho à ce cruel paradoxe pour le seigneur déchu : l'exercice de son pouvoir n'était que pure folie. Sa démence est peut-être, *in fine*, ce qui le rend enfin sensé.

“Ris, tout le monde rira avec toi. Pleure, tu seras seul à pleurer”

“웃어라. 온 세상이 너와 함께 웃을 것이다.
울어라. 너 혼자만 울게 될 것이다”

Oh Dae-su (Choi Min-sik) est séquestré pendant quinze ans, sans savoir pourquoi. Libéré brutalement, toujours sans explication, il engage sa santé mentale dégradée et sa force brute dans une quête effrénée de vengeance contre le commanditaire de son enlèvement, à la manière du comte de Monte-Cristo.

La réplique est d'abord placardée sur un mur de la cellule du héros avant d'être reprise plus tard par la voix off. Elle est empruntée à la poétesse américaine Ella Wheeler Wilcox (*Solitude*, 1883). La répétition des deux octosyllabes (« Ris, tout l'monde rira avec toi. / Pleure, tu seras seul à pleurer ») souligne la différence profonde entre l'expérience de la joie et celle de la souffrance mais aussi leur paradoxale similitude. Alors que le rire rassemble, les afflictions isolent. Pourtant, les deux situations révèlent la même sauvagerie dont est capable l'humanité, grégaire et égoïste. La solitude des individus est inévitable dans une société dysfonctionnelle où les sourires, à l'image de ceux du personnage, se teintent de tristesse.

Old Boy • 2003

올드보이, *Oldeuboi*
Réalisation : Park Chan-wook
Scénario : Park Chan-wook, Lim Joon-hyung et Hwang Jo-yun
D'après le manga de : Nobuaki Minegishi, *Old Boy*, 1996

Deuxième opus du triptyque consacré par Park Chan-wook au thème de la vengeance, ce film participe de la reconnaissance internationale du cinéma coréen récent. L'histoire d'Oh Dae-su demande au spectateur d'avoir l'estomac bien accroché. Les violences subies ou exercées par le personnage ne sont finalement pas grand-chose au regard du climat général du film qui multiplie les révélations. Pour mieux regarder en face toute la noirceur dont nous sommes capables. Comme Œdipe avant lui, Oh Dae-su nous invite à ouvrir les yeux sur les conséquences de nos actes, au risque de ne plus être en mesure de nous regarder en face.

“Nous luttons pour une chose qui doit venir, et qui ne peut pas ne pas venir”

“Noi lottiamo per una cosa che deve venire, e non può non venire”

Après la chute de l'empire fasciste en 1943, les Allemands occupent la moitié nord de l'Italie. Rome est déclarée « ville ouverte » : elle se rend sans combattre pour éviter la ruine. Giorgio Manfredi (Marcello Pagliero), résistant communiste recherché par la Gestapo, se cache chez son ami Francesco (Francesco Grandjacquet) et sa future femme Pina (Anna Magnani, compagne de Rossellini à la ville). Lorsque les gestapistes fouillent leur immeuble, ils parviennent à s'échapper avec l'aide du curé Don Pietro (Aldo Fabrizi), avant d'être dénoncés.

Roma città aperta
Réalisation : Roberto Rossellini
Scénario : Roberto Rossellini, Federico Fellini, Alberto Consiglio, *et al.*

Que ce film soit l'œuvre de Rossellini, ami du fils de Mussolini, ayant déjà réalisé plusieurs œuvres militaristes pour les fascistes, apparaît comme une rédemption artistique. Il entame par ce film son triptyque de la guerre, qui sert d'expiation à un continent mutilé avec *Allemagne année zéro* (1947) et *Europe 51* (1952). *Rome, ville ouverte* est un symbole du cinéma néoréaliste, mouvement qui se forme en grande partie autour du réalisateur. Mais c'est un réalisme en partie subi : ne pouvant pas recourir aux studios, qui sont en grande difficulté à la fin de la guerre, Roberto Rossellini tourne une bonne partie de son film en décors réels.

Dans cette Rome occupée, les actions de résistance spontanées des enfants semblent ne pas suffire et pourtant l'espoir demeure. Ainsi, quand Francesco dit à sa femme que la victoire de la résistance « ne peut pas ne pas venir », la double négation traduit le nécessaire optimisme béat de l'idéalisme. Comme s'il était dans l'ordre des choses que les espoirs se concrétisent. Car il semble impensable de ne pas espérer lorsqu'on risque chaque jour sa vie. Le fatalisme aurait pour pente naturelle l'immobilisme. On a besoin de cette part de rêve pour garder la vie ouverte.

“ Si j’aurais su, j’aurais pas venu ! ”

Tous les ans, c’est la guerre entre les enfants des villages de Longeverne et de Velrans. Cette année, Lebrac (André Treton) et ses camarades de Longeverne décident d’arracher les boutons des vêtements de leurs rivaux, afin qu’ils soient grondés par les adultes. Quant aux enfants de Velrans, ils parent d’avance l’affront en se battant… tout nus ! Le plus petit de la bande, « P’tit Gibus » (Martin Lartigue), 9 ans et toujours à la traîne, se voit confier les tâches les plus ingrates. Alors forcément il se plaint souvent.

À plusieurs reprises dans le film, le jeune Martin Lartigue (petit-fils du photographe Jacques Henri Lartigue) s’exclame ainsi : « Si j’aurais su, j’aurais pas venu ! » La réplique n’est pas dans le roman original de Louis Pergaud et comporte une double erreur de français : d’abord, parce qu’on n’emploie pas le conditionnel après un *si* ; ensuite, parce que le participe *venu* appelle l’auxiliaire *être* et non *avoir*.

Réalisation : Yves Robert
Scénario : Yves Robert et François Boyer
D'après le roman éponyme de : Louis Pergaud, 1912

L'humoriste Pierre Dac rapporte que l'on doit cette phrase au sculpteur romantique Jean-Baptiste Carpeaux (1827-1875). On appelle *solécisme* le fait d'enfreindre (délibérément ou non) des règles de syntaxe. Cette figure de style peut servir à se moquer du pédantisme des bons usages linguistiques (comme chez les humoristes ou certaines personnalités politiques). Dans *La Guerre des boutons*, c'est surtout une manière de grossir le trait sur le fait que les enfants n'ont pas grand-chose à faire de l'école... et qu'ils font la guerre aux bons mots.

Le mot de Patrice Leconte

Est-ce que si P'tit Gibus s'était exprimé dans un français châtié, cette réplique serait devenue culte ? Peut-on imaginer ce gamin déluré exprimant sa déception en disant « Si j'avais su, je ne serais pas venu » ?
Cette constatation m'ouvre de nouveaux horizons : dans un prochain film, je trufferai les dialogues de fautes de français (« Excusez-moi, je m'est trompé »). On verra si ça devient culte.

“Y a pas d’hélice, hélas, c’est là qu’est l’os”

La *paronomase* est une figure de style qui rapproche des mots dont la sonorité est voisine mais le sens différent (des paronymes). Cela produit un effet musical amusant. Les paronymes qui se ressemblent s’assemblent. Voilà une autre paronomase.

Ceux qui ne s’assemblent pas très bien, ce sont les deux protagonistes de *La Grande Vadrouille*, cette célèbre comédie que Gérard Oury réalise après le succès du *Corniaud* (1965). Deux civils aux caractères très différents sont contraints de s’associer pour aider trois parachutistes anglais à fuir la France occupée. Ainsi, le chef d’orchestre Stanislas Lefort (Louis de Funès) et le peintre en bâtiment Augustin Bouvet (Bourvil) traversent la France de Paris jusqu’à Mende, en passant par les vignobles bourguignons, pour franchir la ligne de démarcation. Le couple mal assorti est un moteur comique, comme dans beaucoup de comédies aujourd’hui.

Réalisation : Gérard Oury
Scénario : Gérard Oury, Danièle Thompson et Marcel Jullian
Dialogues : André et Georges Tabet

Pourchassés par les Allemands, leur course se termine en planeur, sans hélice donc, hélas. Cette première assonance exprime leur déception. La suite – « c'est là qu'est l'os ! » – l'approfondit et le jeu de sonorités (*é-lice* / *é-las* / *é-los*) met en lumière l'obstacle imprévu. La locution *tomber sur un os* aurait en effet pour origine l'argot des casernes et la déception des militaires qui, plongeant leur louche dans la marmite commune, dégoteraient un os au lieu d'un morceau de viande.

Le savoureux jeu de consonance qui en résulte souligne les différences entre les personnages dans leur façon de se lamenter : le *hélas* de la complainte d'un Bourvil débonnaire, l'*os* de la colère du nerveux de Funès. C'est aussi finalement une manière de les rapprocher dans cette expédition maladroite qui les dépasse. L'union fait la force aussi sûrement que l'oignon fait la soupe.

“J’aime l’odeur du napalm au petit matin”

“I love the smell of napalm in the morning”

Dis-moi ce que tu aimes, je te dirai qui tu es. Si certains aiment « les petits moments de calme avant la tempête » (*Léon*, 1994) ou d'autres « le bruit blanc de l'eau » (*OSS 117*, 2006), le lieutenant-colonel Kilgore (Robert Duvall) déclare sa flamme aux bombes incendiaires matinales, devant un village en pleine guerre du Viêt Nam.

L'officier témoigne d'une indifférence insensée devant la puissance meurtrière qui se déchaîne. Trouver son plaisir dans la guerre, c'est la banalité du mal. Ce détachement est autant physique - il ne remarque même pas les bombes autour de lui - que moral : il fait du surf au milieu de la désolation. La mise en scène burlesque de ce comportement va-t-en-guerre montre que la représentation du conflit vietnamien évolue. Comme Michael Cimino dans *The Deer Hunter* (*Voyage au bout de l'enfer*, 1978), Francis Ford Coppola filme le dévoiement des valeurs nationales et la perte de repères qui en résulte pour toute une génération. Le conflit est pour ces soldats comme un nouveau foyer, qu'on ne voudrait surtout pas quitter : « *Someday this war's going to end* » (« Elle ne durera pas toujours, cette guerre »), suggère ainsi Kilgore avec mélancolie.

Réalisation : Francis Ford Coppola
Scénario : John Milius, *et al.*
D'après le roman de : Joseph Conrad, *Heart of Darkness*, 1899

Pourtant, cette scène n'est pas seulement la critique en règle d'un militarisme aveugle. Imaginée par John Milius – scénariste à qui l'on doit également le script de *Dirty Harry* (1971) –, elle reste tout à fait ambiguë. Fan de surf, Milius n'a jamais caché sa fascination pour l'armée et sa frustration de n'avoir pas pu aller au Viêt Nam à cause de son asthme. Dès lors, le colonel Kilgore, torse nu au milieu des fumées jaunes, peut apparaître comme le fantasme nihiliste d'un jeune homme privé de *sa* guerre, fût-elle une défaite. Et fort heureusement pour lui car les vapeurs de napalm, c'est très mauvais pour l'asthme.

Le mot de Patrice Leconte

Je ne connais pas l'odeur du napalm. Et vous ? On imagine une odeur âcre, qui prend à la gorge, un truc qui sent le pétrole et les flammes, un truc qui sent les cris et les chairs calcinées.
Que Kilgore puisse aimer cette odeur dégueulasse prouve son absolue perversité. N'en soyons d'ailleurs pas étonnés : un type qui veut absolument surfer entouré d'hélicoptères guerriers, comme s'il était en villégiature, ou qui balance Wagner au moment de l'attaque, pour terroriser les Vietnamiens, ne peut être qu'un absolu fêlé. Et c'est pour cela que cette réplique est précieuse : en seulement quelques mots, elle dessine l'exact profil de ce militaire faraud et nauséabond – et de toute une guerre.

“Pour survivre à une guerre, il faut devenir la guerre”

“To survive war, you gotta become war”

On ne présente plus le vétéran du Viêt Nam John Rambo (Sylvester Stallone). À la fin de l'excellent premier opus (1982), le vagabond révolté et musculeux est condamné aux travaux forcés, car il a semé un bazar pas possible à grands coups de poing et de mitrailleuse aux États-Unis. Les larmes touchantes et inattendues de ce grand gaillard rappelaient le traumatisme et l'absurdité d'une guerre qui n'est pas la sienne.

Dans ce deuxième opus encore plus bourrin, on vient le chercher pour lui proposer une mission périlleuse : retrouver des prisonniers américains dans la jungle vietnamienne. « Ce que vous appelez l'enfer, il appelle ça chez lui », dit le colonel Trautman (Richard Crenna). Et Rambo peut compter sur l'aide de l'espionne anticommuniste Co Bao (Julia Nickson). *Rambo II* est moins subtil que le premier. Mais c'est un film d'action bien ficelé aux explosions aussi jouissives que peu réalistes (aucune balle ne l'atteint, alors que lui peut venir à bout d'un bataillon en une rafale).

Rambo: First Blood Part II
Réalisation : George Pan Cosmatos
Scénario : Sylvester Stallone et James Cameron

Tandis qu'ils descendent une rivière sur un bateau-pirate, Co lui rappelle que la guerre fait encore rage et que survivre n'est pas acquis. Il lui répond avec cette réplique, façon Sun Tzu, puis lance son regard au loin, habité par son idée et résigné à sa condition de *war machine*. Rambo aime-t-il se battre ? Quand on le voit dérouiller sans état d'âme des troupes ennemies avec une amusante facilité, on pourrait le penser. Mais c'est un combattant mélancolique, enfermé dans son corps de gros dur. « Je suis superflu » (« *I'm expendable* »), nous répond-il. Car il n'est jamais vraiment rentré de sa première guerre. « Nous voulons juste que notre pays nous aime autant que nous l'aimons. » Il parle pour tous ceux qui n'ont pas pu redevenir ceux qu'ils étaient.

Le mot de Patrice Leconte

Quand j'ai vu *Rambo II* et que j'ai entendu cette réplique, sur le coup je n'ai pas moufté, sans doute parce qu'elle était dite par Sylvester Stallone et que ce n'est pas un acteur avec lequel on a envie de moufter. J'ai donc gobé.
Et puis, la nuit est passée là-dessus, et j'ai eu envie de prendre un avion dès le lendemain, de traverser l'océan Atlantique, de débouler chez Stallone pour lui demander ce qu'il avait voulu dire par là. Car ce raisonnement conduit à quelques conclusions troublantes : « Pour survivre à la maladie, il faut devenir la maladie. » Ou encore : « Pour survivre à la connerie, il faut devenir con. » Ce que je vais m'empresser de faire.

“Pourquoi les lucioles meurent-elles si vite ?”

“なぜホタルはすぐに死んでしまうのか？”

Qu’est-ce qu’être un enfant dans un pays ravagé par la guerre ? Ce thème a inspiré des images saisissantes aux cinéastes, comme Roberto Rossellini dans *Allemagne année zéro* (1947), Steven Spielberg avec *L’Empire du Soleil* (1987) ou plus récemment Taika Waititi et son *Jojo Rabbit* (2019). Produit par le studio Ghibli, fondé par Isao Takahata avec Hayao Miyazaki, *Le Tombeau des lucioles* raconte la survie éprouvante de deux orphelins japonais livrés à eux-mêmes après le bombardement de Kobe, en 1945. Le récit s’inspire largement de la vie de l’auteur Akiyuki Nosaka qu'il a racontée en nouvelle (1967), mais aussi des traumatismes de Takahata qui a dû fuir les bombardements d’Okayama, en pyjama, avec sa petite sœur.

Le jeune Seita prend soin de sa cadette Setsuko alors que leur monde s’écroule sous les bombes incendiaires. Au milieu des pénuries et des violences, il fait son possible pour garder intact l’espoir de sa petite sœur. Ainsi, le temps d’une séquence émouvante, les deux enfants s’émerveillent du ballet des lucioles qui illuminent leurs ténèbres. Mais le lendemain, tous les insectes sont morts, Setsuko les enterre consciencieusement et s’interroge sur leur caractère éphémère : « Pourquoi les lucioles meurent-elles si vite ? » Une question naïve, mais bouleversante, qui charrie la révolte plus ou moins lucide d’une enfant prenant conscience de la fragilité de la vie. Ces êtres vulnérables continuent de jouer et de rire, de s’enthousiasmer de petits riens, alors que la mort les entoure. Leurs existences lumineuses sont fugaces et elles risquent de s’éteindre aussi vite qu’elles se sont éclairées, écrasées par la marche implacable d’une Histoire qui les dépasse.

Le Tombeau des lucioles • 1988

火垂るの墓, *Hotaru no haka*
Réalisation : Isaho Takahata
Scénario : Isaho Takahata
Studio : Ghibli
D'après la nouvelle éponyme de : Akiyuki Nosaka, 1967

Il faut avoir le cœur bien accroché devant ce film d'animation qui s'adresse en fait d'abord aux adultes. Sa dureté a d'abord fait fuir le public avant qu'il ne soit acclamé pour son réalisme poétique et la précision de sa reconstitution. La persistance rétinienne a du bon : quand nos yeux sont embués de larmes, demeurent encore longtemps les lumières de ces petites lucioles.

“What’s this war in the heart of nature?”

“Quelle est cette guerre au cœur de la nature ?”

Que peut dire un cinéaste après vingt années de silence ? Terrence Malick marque les esprits dans les années 1970, avec sa *Balade sauvage* (1973) et ses *Moissons du ciel* (1978), pour disparaître aussitôt. Les rumeurs les plus folles circulent : il enseignerait Heidegger en Europe ou filmerait des oiseaux en Asie. Lorsque se confirme son retour pour un film sur la bataille de Guadalcanal (1942), nombreux sont les acteurs qui se pressent au casting… pour finir coupés au montage. Adrien Brody découvre à l’avant-première qu’il passe de personnage central à quasi-figurant. George Clooney devient un caméo et Mickey Rourke disparaît carrément du film.

The Thin Red Line
Réalisation : Terrence Malick
Scénario : Terrence Malick
D'après le roman éponyme de : James Jones, 1962

Car la guerre qui intéresse Malick n'est pas celle des ego, ni même celle des armes. Le film s'ouvre sur des plans de jungle luxuriante, avec cette réplique génésiaque en voix off : « *What's this war in the heart of nature?* » (« Quelle est cette guerre au cœur de la nature ? »). La question illustre à merveille les pas de côté de l'œuvre par rapport à son genre. Elle semble dénoncer d'abord ces combats absurdes qui se déploient dans une forêt tropicale aussi belle qu'indifférente aux soldats fauchés dans les herbes folles. Elle suggère pourtant un conflit plus profond, celui de la nature contre elle-même. L'eau contre la terre, le prédateur et sa proie, les hommes entre eux et, bien sûr, chaque individu avec lui-même.

Le récit se structure autour de deux personnages : le soldat Witt (Jim Caviezel), un idéaliste dont la foi se heurte au réalisme pessimiste du sergent-chef Welsh (Sean Penn). Devant l'absurdité militariste, l'un croit en un « autre monde » alors que le second ne voit que ce « caillou » dont la propriété déchire les peuples. Les deux rejettent le mirage patriotique. Ce n'est donc pas un film de guerre, mais un film sur la vie dans la guerre : fragile mais précieuse, une si fine ligne rouge.

“My name is Bond. James Bond”

“Mon nom est Bond, James Bond”

Flirter avec Miss Moneypenny, recevoir ses ordres de M, ses gadgets de Q, puis partir en mission au service de Sa Majesté. La recette des 25 films sur le plus célèbre des agents secrets est simple et volontairement répétitive. On sourit devant des références trop connues, qui servent à reconnaître la « marque » Bond : le vodka-martini au shaker, les James Bond *girls*, l'Aston Martin ou encore le générique interminablement kitsch, sa chanson, son plan iconique de l'intérieur d'un pistolet et le sang qui change la couleur de l'écran.

« My name is Bond... » a la même fonction. Cette réplique, prononcée pour la première fois dans *James Bond 007 contre Dr No* (1962) par Sean Connery, est une réplique-franchise qui repose sur ce qu'on appelle une *épiphore épanodique* : on répète le même nom à la fin des deux phrases (épiphore), en complétant l'information dans la seconde (épanode). Cette figure de style témoigne de l'arrogance assumée qui caractérise le personnage, puisqu'il court volontairement un risque en déclinant ainsi son identité et parce qu'aucun espion n'est aussi célèbre que lui.

Dr. No
Réalisation : Terence Young
Scénario : Richard Maibaum, Johanna Harwood et Berkely Mather
D'après l'œuvre de : Ian Fleming, 1953-1966

Ce qui compte chez 007 (le premier zéro vaut permis de tuer, le second signifie qu'on l'a fait, le 7 est le numéro de l'agent), c'est donc ce côté « réplicable », quels que soient l'époque et l'acteur (déjà 6 ont endossé le costume, bientôt 7, hors films indépendants). Plutôt qu'une vraie personne, Bond est une allégorie des services secrets. Mais on lui trouve quand même des traits de caractère un peu permanents : c'est un séducteur hyperactif qui n'a pas de vie en dehors du travail et aime désobéir à ses chefs. C'est ce qui fait dire à l'anthropologue David Graeber que Bond est un « sociopathe léger » et un « adolescent permanent ». Tous les héros ne sont pas de braves types.

Le mot de Patrice Leconte

Contrairement à Batman, Johnny Hallyday ou le Pape, James Bond a bien raison de se présenter, parce qu'il change tout le temps : tantôt Roger Moore, tantôt Sean Connery, Timothy Dalton, Pierce Brosnan, Daniel Craig ou je-ne-sais-qui. Il y a de quoi être perdu.

Ce qui m'amuse, c'est cette tradition très anglo-saxonne de donner son patronyme d'abord, puis son prénom, aussitôt assorti de son patronyme.

En anglais, ça marche (à ceci près que l'on imagine mal la reine défunte se présenter en disant : « d'Angleterre, reine d'Angleterre »). Mais pourrait-on faire de même en France ?

« Macron, Emmanuel Macron. »

« Bardot, Brigitte Bardot. »

« Leconte, Patrice Leconte. »

On peut toujours essayer.

“ Je suis Batman ”

“I’m Batman”

Un super-héros terrorise la pègre dans les bas-fonds de la ville fictive de Gotham City : c’est Batman, justicier chauve-souris dont la sagacité et la violence se déploient toutes les nuits pour lutter contre le crime. Mais c’est aussi, à l’aube, Bruce Wayne, héritier flambeur, tourmenté par l’assassinat de ses parents milliardaires dont il a été l’impuissant témoin.

Créé en 1939 en bande dessinée dans l’univers *Detective Comics* (DC) par Bob Kane et Bill Finger, Batman a largement investi le cinéma depuis l’interprétation d’Adam West dans les années 1960, où la réplique est prononcée pour la première fois de manière presque anodine, purement informative : « *Good Morning Mr. Glee, I’m Batman* » (*Batman*, 1966).

Au fur et à mesure des adaptations, cette réplique informe pourtant de moins en moins : elle déforme au contraire la réalité pour mieux dissimuler l’identité véritable du héros. Lorsque Michael Keaton (*Batman*, Tim Burton, 1989) ou Christian Bale (*Batman Begins*, Christopher Nolan, 2005) la prononcent d’une voix toujours plus caverneuse et terrifiante, c’est pour mieux mystifier les criminels. Seul le spectateur ne se laisse pas abuser, car il sait qui se cache derrière le masque.

Réalisation : Leslie H. Martinson
Scénario : Lorenzo Semple Jr.
D'après les *comics* de : Bob Kane et Bill Finger, 1939

Cette réplique dévoile de manière vertigineuse ce que le Chevalier noir (*The Dark Knight*) se cache à lui-même : un traumatisme et un costume qui l'enferment dans une spirale de violence autodestructrice. Dès les années 1990, cette dimension psychanalytique est soulignée dans la série animée *Batman* (écrite par Henry Gilroy et Sean Derek), où l'on entendait Kevin Conroy déclamer « *I am vengeance! I am the night! I am Batman!* » (« Je suis la vengeance ! Je suis la nuit ! Je suis Batman ! ») devant une vision déformée de son père. La récente variation de la réplique, prononcée par Robert Pattinson dans *The Batman* de Matt Reeves (2022), enfonce le clou, comme un miroir tendu vers son propre locuteur :

« – *Who the hell are you supposed to be?* (« Et d'où tu sors toi, t'es quoi ? »)
– *I'm vengeance!* » (« Je suis la vengeance ! »)

Le mot de Patrice Leconte

Je me souviens d'une cérémonie des César où Johnny Hallyday, que je n'avais alors jamais croisé, est venu vers moi, me tendant la main et déclinant son identité : « Bonsoir, Johnny Hallyday. » C'était un peu comme si le Pape, m'accueillant au Vatican, m'avait pris par les épaules en me disant : « Bonjour, je suis le Pape » (en italien, « *Buongiorno, sono il Papa* », c'est plus chic, bien sûr). Et pour Batman, c'est pareil. Quel besoin de dire « Je suis Batman » quand tout le monde l'a reconnu dans son costume de chauve-souris, et que nous ne sommes pas à un bal costumé ?
Johnny Hallyday et Batman souffrent-ils d'une crise identitaire ? Ou bien alors, sont-ils d'une effarante modestie qui les pousserait à se présenter au premier quidam ?
Le plus marrant eût été que Batman chante au Stade de France et que Johnny s'habille en chauve-souris. Là, nous aurions été paumés.

"Yippee ki-yay, motherfucker!"

"Yippee ki-yay, pauvre con !"

John McClane (Bruce Willis), policier new-yorkais, voulait simplement fêter Noël avec son épouse pour réparer un mariage chancelant, mais se retrouve piégé avec des terroristes allemands dans une tour de verre de 32 étages. Archétype du héros ordinaire précipité malgré lui dans une situation extraordinaire, il se distingue par son humour décalé et un engagement physique masochiste. Il prend un malin plaisir à être « la mouche dans le lait, le rouage qui grince, l'emmerdeur » (« *Just a fly in the oatment, Hans. The monkey in the wrench. The pain in the ass* ») dans un jeu sanglant de cache-cache avec le terrifiant Hans Gruber (Alan Rickman).

Cette posture d'invité surprise seul contre tous fait le sel de cette formule narquoise. Alors que son adversaire lui reproche de jouer au cowboy, McClane fait référence à Roy Rogers, célèbre acteur de western aux « chemises pailletées ». La formule *Yippee ki-yay* est ainsi chantée par Rogers dans le film *King of the Cowboys* (1943). La réplique résulterait d'échanges entre Willis et le scénariste de Sousa, nostalgiques du cowboy chantant de leur enfance commune dans le New Jersey. Ils auraient longuement débattu de la façon de la prononcer. Le résultat traduit ce défi joyeux lancé aux circonstances, comme un baroud (ou un doigt) d'honneur devant la mort.

Die Hard
Réalisation : John McTiernan
Scénario : Jeb Stuart et Steven E. de Souza
D'après le roman de : Roderick Throp, *Nothing Lasts Forever*, 1979

Et il y a ce « *motherfucker* » qui ponctue la réplique. La version française tente pudiquement le « pauvre con » alors qu'un « fils de pute » serait plus approprié. En effet, l'injure a ici valeur de programme : de même que l'action pousse haut les curseurs de la violence, de même le langage suit en normalisant l'obscénité. Répétée dans les opus suivants, la réplique devient ainsi le slogan d'une saga qui ne s'est, elle aussi, pas résolue à mourir.

Le mot de Patrice Leconte

Il y a quelque temps, pris à parti (à tort) par un crétin, et désirant rendre hommage à *Die Hard*, j'ai voulu lui balancer cette réplique en pleine figure. Hélas, le temps que j'arrive à me rappeler et à prononcer correctement « *Yippee ki-yay* », le crétin s'était carapaté.

La prochaine fois que je serai dans une telle situation, j'oublierai Bruce Willis, et je dirai simplement « pauvre con », ce sera beaucoup plus efficace.

“Sa place est dans un musée !”

“That belongs in a museum!”

Un claquement de fouet, un chapeau et quelques notes héroïques de trompette : voilà l’aventure lancée ! Henry Walton Jones Jr., alias Indiana Jones (Harrison Ford), archéologue et professeur à l’Université de Chicago, parcourt la planète à la recherche de reliques dont les pouvoirs surnaturels le confrontent aux limites de sa raison.

Dans le troisième épisode de la saga, la réplique est lancée comme un défi par le jeune Indiana (River Phoenix) à des pilleurs de tombes qui convoitent la croix de Coronado (« *This should be in a museum!* »). Une ellipse nous montre notre héros adulte récupérer la précieuse relique des années plus tard en répétant la réplique avec plus d’aplomb (« *That belongs in a museum!* »). Cela distingue Indiana Jones des vulgaires chasseurs de trésors. Il serait d’abord un scientifique dont la vocation serait celle de la conservation dans l’intérêt général.

Pourtant, Indy ne remplit pas vraiment de musées et ses intentions sont plus ambiguës qu’il ne veut bien le laisser entendre. Dans le premier opus (*Les Aventuriers de l’arche perdue*, 1981), il travaille pour la CIA. Dans le deuxième (*Indiana Jones et le Temple maudit*, 1984), il désire « la fortune et la gloire ». Dans *La Dernière Croisade*, il fait le choix fort peu judicieux de mettre son talent au service d’un riche industriel privé pour retrouver le Graal.

Indiana Jones and the Last Crusade
Réalisation : Steven Spielberg
Scénario : Jeffrey Boam, George Lucas, *et al.*

De plus, son action relève parfois du pillage, quoi qu'il en dise. La scène iconique de l'idole Chachapoyan au début du premier opus, par exemple, a tout l'air d'une spoliation de bien culturel. Rajeuni numériquement dans *Indiana Jones et le Cadran de la destinée* (2023), Harrison Ford, 80 ans, échappe autant aux flèches de la restitution patrimoniale qu'à celle du temps. La réplique y est à nouveau reprise par Indy, comme une boussole morale, mais sa filleule Helena Shaw (Phoebe Waller-Bridge) ne manque pas de lui rappeler qu'il ne partait pas à l'aventure par altruisme. Sa place n'est définitivement pas dans un musée !

Le mot de Patrice Leconte

« J'ignorais que tu savais piloter un avion.
– Piloter, oui. Atterrir, non ! »
Voilà une autre réplique que je trouve très drôle. Elle serait terrifiante dans la « vraie » vie. Parce que le souci, avec un avion, c'est qu'il ne peut pas rester éternellement en vol.
Ce qui nous sauve de la crise d'angoisse, c'est que l'on ne peut pas imaginer un crash, un embrasement de carlingue et la mort des héros, sinon il n'y aurait plus de films. On sait donc qu'ils s'en sortiront - ils s'en sortent toujours.

“Vous ne passerez pas ! ”

“You shall not pass!”

En Terre du Milieu, dans les mines de la Moria, le magicien Gandalf le Gris (Ian McKellen) affronte une créature infernale, un Balrog, qui menace les héros en chemin pour le Mordor. Il s'agit de protéger coûte que coûte Frodon (Elijah Wood), jeune hobbit porteur de l'anneau unique qu'il faut détruire pour sauver les peuples du joug de Sauron, seigneur des ténèbres.

Gandalf s'interpose au péril de sa vie sur un pont entre les flammes et ses compagnons. Dans le livre original, J. R. R. Tolkien écrit « *You cannot pass!* », que l'on traduirait par « Vous ne pouvez pas passer ! », signifiant à l'émissaire du Mal les limites de son pouvoir face à la Lumière défendue par le magicien.

The Lord of the Rings: The Fellowship of the Ring
Réalisation : Peter Jackson
Scénario : Fran Walsh, Philippa Boyens et Peter Jackson
D'après l'œuvre de : J. R. R. Tolkien, *The Lord of the Rings*, 1954

Dans le film, les scénaristes préfèrent faire déclamer à Gandalf « *You shall not pass!* » (« Vous ne passerez pas ! »), une tournure archaïsante qui sied au genre de la *fantasy* médiévale et qui s'inspire probablement des slogans de propagande britanniques pendant la bataille d'Angleterre. La réplique devient un impératif net qui défie le Balrog en décrétant son interdiction absolue de traverser le pont. Cette différence peut paraître anodine, mais elle renforce la dramaturgie de la scène qui devient un affrontement où s'opposent deux forces équivalentes dans une guerre qui les dépasse. Ce n'est pas un simple magicien qui affronte une créature maléfique, ce sont deux puissances quasi divines, deux Maïars, dans un combat éternel entre le Bien et le Mal.

Ainsi naît la réplique qui grave la scène dans la mémoire collective. Répétée à l'envi par des générations de fans et de profanes, reprise au quotidien ou détournée sur Internet : personne ne passera avant de l'avoir entendue !

“Un grand pouvoir implique de grandes responsabilités”

“With great power comes great responsibility”

Piqué par une araignée radioactive dans un laboratoire new-yorkais, le jeune journaliste Peter Parker (Tobey Maguire) développe des pouvoirs arachnéens démesurés qui lui permettent de lutter contre le crime.

On doit cette histoire bien connue aux *comics* de Stan Lee. D'ailleurs, cette réplique est d'abord une simple légende au-dessus d'une case d'*Amazing Fantasy*, numéro 15 (1962). Dans le film, elle est prononcée par l'oncle du héros, Benjamin Parker (Cliff Robertson), comme un sermon bienveillant. La mort de Ben, dont Peter se sent responsable, est le point de départ de sa vocation super-héroïque.

Le Comité de salut public de 1793, Winston Churchill ou Franklin Roosevelt ont également prononcé cette maxime. Comme ces illustres, l'homme-araignée cherche à inscrire son action dans un cadre moral socialement acceptable. Il exerce en effet une justice individuelle – et violente – mais au nom du bien commun. Plus un pouvoir est fort, plus la portée de ses actions est importante. La symétrie de la formule illustre bien cet équilibre moral qu'il s'agit d'instaurer. Dans la Bible déjà (Luc 12.48), il est dit qu'à « ceux qui ont beaucoup reçu, on demandera beaucoup ». Homélie fort utile à ce jeune homme timide soudainement tout-puissant.

Réalisation : Sam Raimi
Scénario : Sam Raimi
D'après les *comics* de : Stan Lee

Aujourd'hui, l'injonction morale est devenue un slogan de culture pop. Dans *Spider-Man : No Way Home* (2022), la réplique est prononcée par Tante May (Marisa Tomei), répétée par le Spider-Man de 2022 (Tom Holland), puis reprise par celui de 2002 (Tobey Maguire) alors que celui de 2012 (Andrew Garfield) se joint à la fête. La réplique, comme le héros, est ainsi littéralement répliquée par le jeu du multivers, au plus grand bonheur des fans devant cette piqûre de rappel.

“J’aime me beurrer la biscotte”

Hubert Bonisseur de La Bath (Jean Dujardin), alias OSS 117, aime beaucoup de choses. Les panoramas, par exemple. Se battre. La blanquette de veau. René Coty. Mais par-dessus tout, il aime dire ce qu’il aime à qui veut bien l’entendre, sans se soucier de la discrétion qui s’impose quand on est un espion.

Naturalisé français pour son passage au cinéma (il est américain dans les livres originaux de Jean Bruce), Hubert affiche son chauvinisme à grand renfort d’expressions délicieusement désuètes. Car OSS 117 est un Gaulois réfractaire au changement. Il est ce héros volontaire, fier représentant d’une vision dépassée de la nation et de la virilité alors que le monde se décolonise dans les années 1950. Précipité dans l’Orient compliqué avec des idées simples (*OSS 117 : Le Caire, nid d’espions*), il enquête sur la mystérieuse disparition d’un agent français au Caire, persuadé que son irrésistible sagacité et son charme naturel lui permettront de remplir sa mission et de séduire Larmina (Bérénice Bejo), « brune aux yeux marron » qui lui apporte son petit-déjeuner au lit.

Réalisation : Michel Hazanavicius
Scénario : Michel Hazanavicius et Jean-François Halin
D'après les romans de : Jean Bruce

Celle-ci y reste pourtant insensible alors qu'Hubert tartine frénétiquement une biscotte dans sa chambre d'hôtel. La réplique est vaguement grivoise, surtout avec cette rose qui trône phalliquement sur le plateau. Pourtant, dans son sens original, elle convoque tout un art de vivre. *Se beurrer la biscotte*, c'est se laisser aller en toute décontraction, sans se soucier du regard des autres, comme OSS 117 le fait à chaque scène avec son racisme ordinaire et ses représentations éculées. Le décalage du héros fait aussi la saveur de cette scène : un plan fixe étiré jusqu'à l'absurde par le geste et par le son, comme le beurre sur la biscotte, puis rompu par une expression d'une banalité confondante prononcée avec la même intensité qu'une révélation majeure. Un agent ne devrait pas dire ça. Mais OSS 117 est un déni d'espion.

Le mot de Patrice Leconte

Dans cette réplique, chacun entend ce qu'il veut. C'est plus ou moins grivois en fonction des auditeurs et de l'humeur.
Mais le plus marrant n'est pas là : Michel Hazanavicius et Jean-François Halin (les auteurs) se sont amusés à faire courir le bruit que cette phrase était une contrepèterie.
Et je connais des gens qui, aujourd'hui encore, planchent sur l'ordre des syllabes et des mots, convaincus d'arriver à percer le mystère de cette phrase à double sens (alors qu'en fait, il n'en est rien).

“Ça m’ennuie de souffrir seule. J’ai l’impression qu’en bande, ça doit être moins ennuyeux”

« Ce divertissement n’a pas la prétention d’une étude de mœurs », lit-on en ouverture de *La Règle du jeu*. Mais Renoir se joue de nous : son film est une satire virtuose de la vie de château.

Le temps d’une partie de chasse en bonne société, la course aux lapins et aux alouettes sert de cadre champêtre à un polygone amoureux : alors que le marquis Robert de la Chesnaye (Marcel Dalio) cherche à rompre avec son amante Geneviève (Mila Parély), celle-ci le menace de tout raconter à son épouse, Christine (Nora Gregor) – elle-même entichée d’un aviateur. Lorsque Robert avoue à Geneviève qu’il ne l’aime plus, elle veut le blesser en retour, l’entraîner dans sa chute. Elle pense que souffrir « en bande », à plusieurs, serait « moins ennuyeux » que d’être seule à se morfondre.

Cette cruauté gratuite est à l’image de l’odieuse traque du gibier, mise en scène dans des plans très brefs, comme autant de tirs de carabine. Geneviève demande à son amant « un bel adieu », un baiser. Sauf que Christine, l’épouse, les observe et veut se venger... Un petit vaudeville amoureux qui se retrouve jusque dans le jeu emphatique des acteurs et les portes qui claquent. Renoir s’inspire de Musset, Beaumarchais, Molière, mais sublime la théâtralité par sa maîtrise époustouflante de la caméra, de ses mouvements et des dialogues entre le premier plan et l’arrière-plan.

Réalisation : Jean Renoir
Scénario : Jean Renoir et Carl Koch

Tout semble léger, à première vue, dans ce film de 1939. Est-ce une comédie ? un drame ? Mais il faut voir au-delà de la commedia dell'arte baroque. Dans son autobiographie (1974), Jean Renoir raconte :

> « C'est un film de guerre, et pourtant pas une allusion à la guerre n'y est faite. Sous son apparence bénigne, cette histoire s'attaquait à la structure même de la société. »

L'aristocratie, qui se remplit la tête d'intrigues et reste fière de ses « codes », est en train de terminer son déclin. Quand les autres souffrent à leur service ou sur le front, ils s'ennuient ou badinent. Ce jeu ne pouvait plus durer.

Le mot de Patrice Leconte

Rien n'est vraiment ennuyeux quand on est plusieurs. Parce qu'au moins, on a des compagnons d'infortune.
En fait, le plus triste, ce n'est pas l'ennui. Le plus triste, c'est la solitude. C'est fou comme des sentiments divers s'accordent mal de la solitude. Est-il épanouissant d'être joyeux tout seul ? ou enthousiaste ? ou gourmand ? ou émerveillé ? Sans parler d'être amoureux. La solitude est une calamité.
Jean Renoir a coécrit *La Règle du jeu* avec Carl Koch. Il a dû lui téléphoner et lui dire : « Ça m'ennuie d'écrire tout seul, à deux c'est moins ennuyeux. »

“C’est possible”

“It’s possible”

Un jury populaire et masculin se réunit pour établir la sentence d’un jeune homme accusé de parricide. Alors que l’unanimité est nécessaire pour prononcer la peine et que l’intime conviction de onze des douze jurés les conduit à vouloir le déclarer coupable, l’un d’entre eux, le juré numéro 8 (Henry Fonda), doute. Un par un, les autres se laissent convaincre par l’incertitude des éléments à charge.

Fonda, vêtu de probité et d’un prophétique costume blanc, ne défend pas tant la personne de l’accusé qu’une certaine idée du droit. Il illustre à merveille le principe selon lequel il vaut mieux innocenter un coupable que prendre le risque de condamner un innocent, alors que la présomption de culpabilité semble arranger tout le monde. Son « C’est possible », régulièrement répété, notamment dans une fameuse scène où l’on interroge l’arme du crime, montre que le procès et le monde ne peuvent se réduire à l’alternative simpliste de l’innocence et de la culpabilité. Il y a une zone grise, le *possible*, qui conduit au doute raisonnable. Ce *je-ne-sais-pas* socratique est la seule démarche intellectuellement honnête pour accoucher d’un délibéré juste.

Douze Hommes en colère • 1957

12 Angry Men
Réalisation : Sidney Lumet
Scénario : Reginald Rose
D'après la pièce de théâtre de : Reginald Rose, *Twelve Angry Men*, 1954

Dans un huis clos en noir et blanc étouffant de tension, avec une poignée de personnes discutant autour d'une table et un petit budget, Sidney Lumet signe un brillant panorama de la psychologie humaine. Chacun à leur tour, les jurés exposent leurs histoires et leurs fragilités, nous permettant de mieux comprendre leurs choix. Le sentiment d'étouffement est accentué par la caméra, pour laquelle le réalisateur a choisi d'alterner les focales courtes et longues, pour donner le sentiment que le décor se rapproche des personnages. Et mieux montrer sur leurs visages les raisons de la colère.

“Êtes-vous un homo ? Êtes-vous une pédale, une tapette, une folle, une chochotte, un empaffé, un de la jaquette, une tantouse ? Êtes-vous gay ?”

“Are you gay? You know, a faggot? A punk, a fruit, a queen, a fairy, a booby snatcher, rump roaster, pillow biter, are you gay?”

Andrew Beckett (Tom Hanks) travaille dans un grand cabinet d'avocats. Il dissimule à ses collègues son homosexualité et son sida. Finalement licencié, il y voit une manière détournée de l'évincer alors que les premiers symptômes visibles de sa maladie commencent à apparaître. Alors qu'il s'affaiblit, il se lance dans un grand procès pour prouver la discrimination qu'il subit. Il se défend d'abord seul (personne ne veut l'assister), puis avec le soutien de l'avocat Joe Miller (Denzel Washington).

D'abord hésitant et pétri de préjugés, ce dernier voit dans la situation de Beckett un parallèle avec les discriminations que subissent les Afro-Américains. La traduction française de cette réplique de Miller lancée à un témoin reprend l'accumulation anglaise des synonymes orduriers de l'homosexualité. Les langues inventent pléthore d'injures pour éviter de nommer les groupes et personnes en marge, qu'elles considèrent déviantes, contraires à la norme établie. L'accumulation jusqu'à la nausée des termes, en haussant progressivement la voix, montre le débordement des idées reçues et du ressentiment haineux chez celui qui combat un système, mais qui se combat aussi lui-même.

Philadelphia • 1993

Réalisation : Jonathan Demme
Scénario : Ron Nyswaner

Cette histoire est inspirée de faits réels, remontant à la fin des années 1980, alors que les personnes atteintes du sida faisaient face à l'hostilité d'une société encore largement homophobe. Beckett (qui, dans la réalité, s'appelle Bower) gagne son procès depuis son lit d'hôpital, avant de s'éteindre. Il ne cherchait pas à se sauver, mais simplement à exercer son droit à vivre comme les autres. Avec en toile de fond la mythique bande originale de Bruce « The Boss » Springsteen, *Philadelphia* rappelle la vie de combat des « minorités », quelles qu'elles soient, et montre avec force habileté que la justice est une idée exigeante, nécessaire mais fragile.

« Les gens qui prennent le métro ont une odeur bien particulière »

"지하철 타는 분들특유의 냄새가 있거든"

Le septième long métrage de Bong Joon-ho, *Parasite*, met en scène deux familles de Séoul que tout oppose. Les Kim, pauvres et ingénieux, vivent dans un demi-sous-sol sordide. Usant de faux CV, ils parviennent à se faire embaucher au service des Park, riches, naïfs et sûrs de leur valeur, dans une maison d'architecte des beaux quartiers. Mais la tromperie reste fragile et dangereuse, quand la hiérarchie sociale semble plus violente que jamais. La situation dérape quand les Kim comprennent qu'ils ne sont pas les seuls « parasites ».

Le parallèle entre les deux familles (chacune ayant un garçon et une fille) souligne la fracture entre les nantis à qui tout réussit et l'inévitable misère de ceux qui ont eu la pauvreté en héritage. Et cette différence trouve sa traduction la plus violente et la plus concrète peut-être dans l'odeur des Kim. Cette odeur de « métro », de « radis » ou de « serpillère humide », ce serait celle du père Kim (Song Kang-ho, acteur fétiche du réalisateur sud-coréen). C'est du moins ce qu'évoque le père Park (Lee Sun-kyun) avec sa femme dans son canapé alors que les Kim sont cachés sous la table basse, dans une scène où l'humour de la situation n'a d'égal que la violence symbolique inouïe qu'elle charrie. L'odeur est à la fois intime et profondément politique, car elle nous parle de la dignité des êtres humains. Mépriser le corps de l'autre, c'est salir son humanité.

기생충, RR : Gisaengchung
Réalisation : Bong Joon-ho
Scénario : Bong Joon-ho et Han Jin-won

Cela résume parfaitement le caractère tragicomique du film corrosif de Bong Joon-ho, qui fait sans cesse varier son style entre ses œuvres, pour mieux subvertir les genres et la lutte des classes. Mélangeant la comédie au drame social, en passant par le thriller, avec des plans qui rappellent le genre horrifique, *Parasite* est un film qui sait être à la fois divertissant tout en nous dévoilant des choses sur le monde et sur nous-mêmes. Que demander de plus au cinéma ? Soyons sur nos gardes en riant des malheurs des Kim, car puer n'est jamais très loin de tuer.

Le mot de Patrice Leconte

Je suis d'origine provinciale (Tours) et, quand je suis « monté à Paris », j'ai été immédiatement sensible aux odeurs diverses, mais avant tout à celle du métro, si particulière. L'odeur du métro de Paris n'est pas la même que celle du métro de New York ou de Tokyo, allez comprendre pourquoi.
Cette réplique m'a secoué parce que, si j'avais été jusqu'alors sensible à l'odeur du métro lui-même, les couloirs, les stations, les rames, je ne m'étais jamais intéressé à celle de ses usagers. Les passagers emportent-ils avec eux cet étrange et indéfinissable parfum souterrain quand ils remontent à la surface ?
Les poissonniers sentent le poisson, les palefreniers sentent le crottin, les pompistes sentent l'essence, les pharmaciens sentent le cachet d'aspirine, les fleuristes sentent le jasmin. Et les usagers du métro sentiraient donc le métro. Logique, après tout.

« Tu obtiens quoi si tu croises un aliéné mental solitaire avec une société qui l’abandonne dans son coin et le traite comme de la merde ? »

“What do you get when you cross a mentally-ill loner with a system that abandons him and treats him like trash?”

Arthur Fleck (Joaquin Phoenix) est un triste clown d’agence publicitaire qui rêve de devenir humoriste. Souffrant de troubles psychiques, il rit compulsivement même lorsque la situation ne s’y prête pas. Sauf que de la nuit glauque de Gotham City surgissent les monstres. Agressé un soir par des traders ivres de chez Wayne Enterprises, Arthur se transforme progressivement en criminel psychopathe et provoque une révolte sociale d’ampleur contre les inégalités qui gangrènent la ville. Sous son maquillage de clown fou, il est désormais le « Joker ».

Réalisation : Todd Phillips
Scénario : Todd Phillips et Scott Silver

La trajectoire de Fleck n'est pas sans rappeler la dérive du vétéran solitaire violent de *Taxi Driver* (Martin Scorsese, 1976). Amusant, dès lors, que cette réplique soit adressée par le Joker au présentateur d'une émission populaire, Murray Franklin, interprété par Robert De Niro. Cette phrase est une démonstration condensée de l'objet du film : l'abandon des plus fragiles dans une société où l'injustice écrase les rêves, où le mal semble aller de soi et où les seuls mots qui restent sont ceux de la fureur. Ne sommes-nous pas collectivement coupables ? La réponse à cette devinette est le mot d'ordre de la vengeance : « *You get what you fucking deserve!* » (« Tu obtiens ce que tu mérites, enculé ! »). C'est peut-être démagogique, mais c'est très efficace !

Ce film, qui appartient à l'univers des super-héros DC sans s'intégrer à ses sagas, est assez déroutant par le naturalisme social sombre qu'il met en scène. On a accusé le réalisateur de faire l'apologie de la violence, alors même qu'elle est présentée, sans concession, comme une mécanique de terreur. La performance exceptionnelle de Joaquin Phoenix le fait entrer au panthéon des grands aliénés du cinéma. « Y a de quoi rendre fou la terre entière ! », lance ce désaxé qui nous fait douter des héros.

“Est-ce que ça vous chatouille ou est-ce que ça vous gratouille ?”

Lorsque le docteur Knock (Louis Jouvet) s'installe à Saint-Maurice pour remplacer le docteur Parpalaid (Jean Brochard), tout le monde est en bonne santé. Peu à peu, ce charlatan fait croire aux gens que « tout bien-portant est un malade qui s'ignore » et tout le monde finit effectivement par se croire malade, sous l'emprise médicale du gourou Knock.

Alors qu'il examine un patient se plaignant de vagues « démangeaisons » postprandiales, le docteur Knock lui demande de préciser son affliction : sent-il que cela le *chatouille*, ou bien plutôt que cela le *gratouille* ? Il n'y a pas de différence fondamentale entre les deux termes, puisque ces deux mots n'ont pas un sens d'une précision extrême, dirons-nous, chirurgicale. Dès lors, la fausse nuance introduite par Knock a pour seul objectif d'instiller le doute qui, tel un poison, se répand, contamine l'esprit jusqu'à infecter l'ordre social.

Réalisation : Guy Lefranc
Scénario : Georges Neveux
D'après la pièce de théâtre de : Jules Romain,
Knock ou le Triomphe de la médecine, 1924

Le comique de la pièce de Jules Romain, dont est tiré le film, repose sur l'absurdité médicale totalitaire. C'est donc un ressort très politique : remplacez le médecin par un leader populiste, la médecine par les idées, la maladie par la peur, et vous obtiendrez une dérive malheureusement trop connue au XXe siècle. De nos jours, cela pose aussi la question de la médicalisation à outrance dans une quête de santé parfaite : la surconsommation de médicaments, l'injonction permanente au sport, les émissions télévisées sur l'alimentation, le sommeil ou les activités conjugales, etc. Cela vire parfois à l'obsession et cela nous démangeait de vous le dire.

« Lundi, c'est raviolis ! »

Un monde sépare la famille Le Quesnoy, bourgeois catholiques bon chic bon genre, et la famille Groseille, prolos vivant des allocs et de petits larcins. Douze ans plus tôt, l'infirmière Josette (Catherine Hiegel), en colère contre son amant gynécologue, a échangé deux enfants à la maternité. Maurice Groseille (Benoît Magimel) et Bernadette Le Quesnoy (Valérie Lalande) ne vivent donc pas dans leur véritable famille. Lorsque l'infirmière est éconduite par son coquin de médecin, elle révèle tout. Et c'est le choc des cultures entre ces deux France.

Les deux enfants ont toujours été différents. « Momo » est plus intelligent que ses frères et sœurs, et Bernadette moins policée. Les familles apprennent à se connaître, avec une joie ou un dégoût communicatifs. On s'amuse du mauvais goût des Groseille ou du prêtre qui chante « Jésus revient ». Les personnages sont très caricaturaux : tant mieux pour le comique de situation, tant pis pour le réalisme social. Si le film semble aborder la question de l'inné et de l'acquis, un pas de côté permet d'éviter d'y répondre trop sérieusement.

Réalisation : Étienne Chatiliez
Scénario : Étienne Chatiliez et Florence Quentin

Étienne Chatiliez explique avoir remarqué, dans son enfance, l'importance des habitudes alimentaires dans les familles notables et pratiquantes. « Lundi, c'est raviolis ! », c'est cette extrême rigidité dénuée de sens de la bonne famille. La logique calendaire fait écho à leur religiosité : le lundi, c'est raviolis comme le vendredi, poisson. Madame Le Quesnoy (Hélène Vincent) le lance avec un entrain débonnaire. C'est l'archétype des principes vains qui corsètent sa vie, qui la rassurent. Les Groseille ne connaissent pas ce genre de règles, car c'est un luxe que de s'inventer un catéchisme gastronomique quand la vie n'est pas un long fleuve tranquille.

Le mot de Patrice Leconte

Comme pour « Pas de bras, pas de chocolats ! », c'est la rime qui fait tilt dans cette réplique. Et aussi le fait que les raviolis soient plus populaires que les salsifis, brocolis, cannellonis, scampi fritti, clafoutis, zakouski et *tutti quanti*. Quand on y pense, on se dit que c'est une chance que le jour de ce repas ait été un lundi, car je ne suis pas sûr que « Dimanche, c'est céleri en branche » ou « Dimanche, on mange de la tanche » auraient aussi bien marché.

« Juste un doigt ! »

Cannes. Année 1990. Les projectionnistes successifs du nanar d'horreur *Red is Dead* sont assassinés à la faucille et au marteau, comme dans le film. À moins que ce ne soit à la « saucisse de Morteau » ? L'attachée de presse Odile Deray (Chantal Lauby) y voit une opportunité cynique de vendre son long métrage pendant le festival, avec son acteur principal Simon (Dominique Farrugia) et Serge Karamazov (Alain Chabat), garde du corps et fils unique.

Cet échange savoureux a lieu chez le commissaire Patrick Bialès (Gérard Darmon). Grâce à une choucroute, Odile charme le commissaire et passe une soirée avec lui. À l'apéritif, Patrick ne saisit pas qu'Odile souhaite une faible dose d'alcool mais prend l'expression *juste un doigt* au pied de la lettre. L'usage au sens propre d'une expression figurée est un ressort comique régulier dans le film (« prendre la place du mort », par exemple). Le malentendu devient même ici sous-entendu grivois et participe de la tension sexuelle ambiante. La même allusion au doigt licencieux se retrouve dans un sketch des Nuls de 1992, *Roman Photo*, et dans une scène du *Père Noël est une ordure* (Jean-Marie Poiré, 1982).

Réalisation : Alain Berbérian
Scénario : Les Nuls (Alain Chabat, Chantal Lauby, Dominique Farrugia)

La réplique est typique de l'humour absurde des Nuls, qui empruntent aux Monty Python, au Splendid mais surtout aux Américains Zucker, Abrahams et Zucker (les ZAZ), auteurs de *Y a-t-il un pilote dans l'avion ?* (1980). Leurs gags visuels autant que dialogués ont fait rupture dans le genre de la comédie. La scène de danse sur *La Carioca* entre Chabat et Darmon fait directement référence au générique du premier film des ZAZ, *The Kentucky Fried Movie* (1977). Filiation renforcée par le goût pour la parodie et la mise en abyme, du film dans le film, ou du genre dans le genre plutôt. Ah non, Pluto, c'est le chien de Mickey.

Le mot de Patrice Leconte

Sans pour autant tomber dans l'assommant « c'était mieux avant », je me demande si on aurait aujourd'hui le culot d'écrire de telles répliques.

“Il s’appelle Juste Leblanc”

Pierre Brochant (Thierry Lhermitte), éditeur parisien, participe à l’organisation de « dîners de cons ». Le principe est simple : convier à une soirée mondaine un obsessionnel sur un sujet de niche, pour que les convives se gaussent de lui à son insu. Il reçoit ainsi chez lui François Pignon (Jacques Villeret), employé du ministère des Finances et fan de constructions en allumettes, pour juger de sa capacité à être sacrifié sur l’autel des railleries. D’après André Pousse, un certain Michel Audiard pratiquait ce genre de sauteries. Sauf qu’un vrai con, ça ose tout, c’est même à ça qu’on le reconnaît : Pignon porte la poisse et Brochant en paie le prix.

Alors que ce dernier se bloque le dos et que sa femme le quitte, Pignon multiplie les gaffes. La scène de l’échange téléphonique avec Juste Leblanc (Francis Huster) est préparée par un savoureux dialogue de sourds qui voit Pignon confondre le prénom *Juste* avec l’adverbe homonyme *juste* – au sens de « seulement ». La répétition du mot dans des sens différents par Brochant accentue la perplexité de son invité (« Votre prénom, c’est François, c’est juste ? Eh bien lui aussi, c’est Juste »). La blague serait inspirée du footballeur Just Fontaine.

Réalisation : Francis Veber
Scénario : Francis Veber
D'après la pièce de théâtre éponyme de : Francis Veber, 1993

Le spectateur devient témoin des malentendus et s'amuse de la concentration de Pignon qui n'en est pas à sa première difficulté sur les patronymes (Marlène Sasseur, devenue « Marlène, sa sœur »). L'efficacité de cette séquence tient donc à l'enchaînement subtil entre des formes d'humour différentes. Les jeux de mots sont indissociables d'un comique de situation imprévu ou de quiproquos. Le premier d'entre eux étant que le con n'est pas celui qu'on croit.

Le mot de Patrice Leconte

Ce film est exemplaire, les répliques perlées fusent les unes après les autres, les comédiens sont étourdissants de talent, Jacques Villeret en tête, qui trouve ici sans doute son meilleur rôle.

Mais il y a quelque chose dont on ne se rend pas toujours compte, c'est la durée du film : *Le Dîner de cons* dure… 1 h 19. À une époque – la nôtre – où les films sont, hélas, de plus en plus longs, Francis Veber prouve que l'on peut faire un chef-d'œuvre en moins de 90 minutes.

Anecdote : j'ai réalisé en 1989 le film *Monsieur Hire*. Il dure 1 h 20. Il fut sélectionné à Cannes. Quand je suis arrivé sur la Croisette, les journalistes venaient vers moi ventre à terre pour me remercier d'avoir fait un film court. Je leur demandais si, par ailleurs, ils l'avaient aimé. « Oui, oui, bien sûr, mais surtout : merci d'avoir fait un film court ! » Il est vrai qu'à Cannes on se tape rarement des films de moins de 2 heures. Hélas, *Monsieur Hire* ne s'est pas pour autant retrouvé au palmarès. Comme quoi, il ne suffit pas de faire court pour avoir du talent.

“Pas de bras, pas de chocolat !”

Le banlieusard Driss (Omar Sy) devient l'auxiliaire de vie de Philippe (François Cluzet), riche et tétraplégique. Les deux hommes construisent une relation en dépit de ce qui les sépare. Dans une galerie d'art contemporain où il se sent en décalage, Driss refuse, dans un éclat de rire, de donner des chocolats à Philippe : « Pas de bras, pas de chocolat ! »

Cette expression populaire dénonce au second degré l'absurdité de certaines interdictions. Adressée par une personne valide à son patron invalide, elle devient un petit bijou d'humour noir. En effet, privé de l'usage de ses membres, Philippe doit donc fatalement subir cette privation.

« C'est une expression bien connue ! » se justifie Driss, comme si la popularité de la formule excusait la provocation, dont la forme, en répétition rimée d'une structure simple, contraste avec le snobisme ambiant de la galerie d'art.

Être privé de chocolats faute de bras semble aussi arbitraire que le handicap physique de Philippe. C'est aussi injuste que l'exclusion sociale ressentie par Driss devant les codes des beaux quartiers et les usages bourgeois. La double négation (« pas de... ») peut faire écho aux deux exclusions subies par nos héros. Driss et Philippe se rassemblent puisqu'au fond, ils se ressemblent. Le tandem Toledano-Nakache réussit avec justesse et justice à montrer à l'écran, comme il le fait souvent, toute la beauté fragile de ceux à qui la société ne laisse pas vraiment de place.

« Quand on parle pognon, à partir d'un certain chiffre, tout le monde écoute »

L'expérimenté divisionnaire Louis Joss (Jean Gabin), dit « le Pacha », est chargé d'élucider l'attaque d'un fourgon blindé. Sauf que le malfrat « Quinquin » (André Pousse), cerveau de l'affaire, élimine tous ses complices, notamment l'inspecteur Albert Gouvion (Robert Dalban), ami et collègue de Joss. Au cours de son enquête, le commissaire divisionnaire comprend que son copain était un flic ripou qui avait cédé aux sirènes du milieu criminel parisien pour plaire à une femme : « Le Albert, il a toujours eu la galipette maudite. »

« La pire maladie des hommes, c'est de donner tout son amour à une seule bonne femme », dit Gabin en voix off aux funérailles de son pote, dont le meurtre a été maquillé en accident. Tous les suspects ont un alibi : « Quand on tue un poulet, c'est fou ce qu'il y a de parties de poker qui s'organisent chez les voyous. »

Réalisation : Georges Lautner
Scénario : Michel Audiard, Georges Lautner et Albert Simonin
D'après le roman de : Jean Delion, *Pouce !*, 1968

Joss décide de faire tomber Quinquin dans un piège et de nettoyer le « mitan ». Il organise une entrevue avec Nathalie (Dany Carrel), l'amante d'Albert, qui doit proposer une affaire au bandit. « Vous croyez qu'il m'écoutera ? » demande-t-elle. Tout est question de « pognon » et du « chiffre » qu'on propose, réplique tout de go la voix caverneuse de Gabin avec cette phrase culte.

Le scénario de ce classique du polar français est assez simple, mais la mise en scène est travaillée. Une phrase sur deux est une *punchline*. « Quand on mettra les cons sur orbite, t'as pas fini de tourner. » Signé : Audiard, évidemment. La fumée des cigarettes et du pot d'échappement de la Matra 530 des « poulagas » dans l'hiver parisien sert de décor à la musique de Serge Gainsbourg (qui joue son propre rôle) et à l'entêtante rythmique de son fameux *Requiem pour un con*. L'« empereur des cons », c'est Gouvion. Il a trop osé, c'est à ça qu'on le reconnaît.

Le mot de Patrice Leconte

Dans la mode, il y a la confection, le prêt-à-porter et le sur-mesure. Pour les dialogues, c'est la même chose. Michel Audiard faisait essentiellement du sur-mesure. Quand on sait que les dialogues que l'on écrit sont destinés à Jean Gabin (ou Lino Ventura, ou Bernard Blier), forcément, ça donne des ailes. Il serait amusant de confier la même réplique à dix comédiens différents et de parier sur celles qui deviendraient cultes. L'expérience n'est pas facile à réaliser, d'autant qu'elle demande du temps. Car une réplique est rarement culte le jour même. Ce sont les années et la succession des générations qui rendent les mots ineffaçables.

“J’ai passé l’âge de ces conneries”

“I’m getting too old for this shit”

Roger Murtaugh (Danny Glover) vient d’avoir 50 ans et rêve d’une fin de carrière calme dans la police. C’était sans compter sur son nouveau coéquipier fougueux, le jeune Martin Riggs (Mel Gibson), instable depuis la mort de sa femme. Ces deux vétérans du Viêt Nam que tout oppose vont devoir apprendre à travailler ensemble pour démanteler un vaste trafic d’héroïne. Les épreuves scelleront cette amitié inattendue.

Riggs, vachard et jeuniste, se moque de son aîné et de ses habitudes. Tirer avec un Smith six coups ? « C’est l’arme préférée des grands-pères, ça ! » (« *A lot of old-timers carry those!* ») Murtaugh n’essaie pas vraiment de se départir de cette image de vieux briscard encroûté. Il tacle la jeunesse de son compère. Et il répète à l’envi « *I’m (gettin) too old for this shit* » (« J’ai passé l’âge de ces conneries ») dès qu’une situation est risquée, qu’il perd l’ascendant ou qu’il fatigue. Avoir « passé l’âge de ces conneries », c’est un mélange de lassitude, de sagesse et de protestation. On associe immédiatement cette phrase à Danny Glover, comme « *I’ll be back* » à Schwarzy. Elle est reprise dans les trois autres opus de la saga de *L’Arme fatale*, ainsi que dans mille autres films et séries, comme un clin d’œil et un hommage à nos deux flics des *eighties*.

Lethal Weapon
Réalisation : Richard Donner
Scénario : Shane Black

Avec la guitare overdrive d'Eric Clapton noyée de chorus en bande-son, ce génial *buddy movie* (tandem de personnages principaux mal assortis) est le premier scénario de Shane Black, aujourd'hui spécialiste de l'exercice (*Kiss Kiss Bang Bang*, 2005 ; *The Nice Guys*, 2016). On ne pourrait jamais trop recommander de revoir le premier jalon de ce qui est devenu un genre à part entière, qu'on retrouve régulièrement à l'écran. On n'est jamais trop vieux pour rire aux larmes… fatales.

Laisse-moi une dernière vague !

"Let me get one wave!"

Voilà une réplique qui aurait fait fureur en pleine pandémie de Covid. Si vous ne l'avez pas vu, sachez que « tout est dans *Point Break* », d'après *Brice de Nice* (James Huth, 2005). On sous-estime sans doute l'influence de ce film d'action qui croise le surf et les braquages, dans un festival de ralentis houleux. Johnny Utah (Keanu Reeves), flic sorti d'école, infiltre un gang de surfeurs mené par Bodhi (Patrick Swayze), un gourou peroxydé, qui s'attaque à des banques en se grimant en ex-présidents américains. Le dispositif rappelle des franchises à succès (*Fast and Furious*, 2001), alors que certaines scènes font écho à d'autres cinéastes : Michael Mann pour les hold-up masqués (*Heat*, 1995) ; Alain Chabat pour les courses-poursuites manquées (*La Cité de la peur*, 1994) et même les récents *Mission impossible* pour les cascades extrêmes.

« *Let me get one wave!* » (« Laisse-moi une dernière vague ! ») : cette requête est le cri du cœur d'un animal pris au piège. Elle survient alors que Bodhi est sur le point d'être arrêté sur une plage australienne par Johnny, au terme d'une chasse à l'homme sanglante qui a vu ses idéaux libertaires s'effondrer dans la violence. Plus tôt, le maître surfeur rêvait de cette dernière vague, née de la tempête du siècle, qu'il pourrait prendre au péril de sa vie, car « ce n'est pas tragique de mourir en faisant ce que [l'on aime] » (« *It's not tragic to die doing what you love* »). Menotté, Bodhi formule sa demande à Johnny comme un appel à servir la liberté plutôt qu'un système aliénant pour les corps et les océans. Bodhi ne veut pas être en cage, ni être « un zombie dans [un] cercueil mobile » (« *to those dead souls, inching along the freeways in their metal coffins* »), il préfère mourir dans sa dernière vague pour montrer que « l'esprit humain est toujours en vie » (« *the human spirit is still alive* »).

Point Break
Réalisation : Kathryn Bigelow
Scénario : W. Peter Iliff

La décision de Johnny d'accepter cette requête montre l'évolution d'un personnage replié dans son carriérisme policier, frustré dans ses ambitions sportives, qui découvre chez son adversaire une vitalité qui le séduit. Une attraction presque érotique entre le policier et le hors-la-loi, sans pour autant surfer sur la vague de leur désir.

Le mot de Patrice Leconte

Un condamné à mort réclame une dernière cigarette ou un verre de rhum. Un surfeur ne fume pas ni ne boit de l'alcool. Alors, avant d'être arrêté, il réclame une dernière vague, en espérant peut-être que celle-ci l'engloutisse, afin de finir noyé plutôt qu'en prison.

"What you gonna do? Charge me with smoking?"

"Qu'est-ce que vous allez faire ? M'inculper pour fumage ?"

Un homme influent est assassiné dans son lit par une mystérieuse femme blonde avec un pic à glace pendant l'acte sexuel. L'officier Nick Curran (Michael Douglas), chargé de l'enquête, noue des liens (trop) étroits avec la principale suspecte, Catherine Tramell (Sharon Stone), une riche romancière qui nourrit tous les fantasmes et laisse beaucoup de cadavres sur son passage. Celle-ci a d'ailleurs décrit en détail le crime dans son dernier livre...

Dans ce thriller érotique néo-noir et psychologique, la tension sexuelle flirte dangereusement avec le meurtre. Le roman et les crimes s'entremêlent. On nous nargue entre les preuves et les coïncidences fortuites. A-t-elle tué ? Va-t-elle le faire ?

Réalisation : Paul Verhoeven
Scénario : Joe Eszterhas

Lorsqu'elle est interrogée au poste de police (dans une scène également restée célèbre pour l'absence de sous-vêtement de l'actrice), celle qui crève l'écran par son effronterie cherche la provocation à chaque phrase, comme un cowboy : puisqu'ils la soupçonnent d'un meurtre, qu'est-ce qu'une interdiction de fumer peut bien lui faire ? L'absurde traduction de *smoking* en *fumage* a amusé et inspiré Les Nuls et leur *Cité de la peur*, où Chantal Lauby, habillée en Sharon Stone, lance avec la même provocation : « Qu'est-ce que vous allez faire ? Me coffrer pour mangeage de choucroute prohibé ? »

Les instincts freudiens de désir et de violence sont esthétisés par Paul Verhoeven dans des scènes de sexe explicites où le sang jaillit au milieu de l'extase orgasmique. Ce film clivant est devenu culte grâce aux jeux nerveux de Michael Douglas et énigmatique de Sharon Stone, aux nombreux plans racoleurs et libidineux sur le corps de cette dernière. *Basic Instinct* maintient le suspense sur l'identité du coupable jusqu'à la fin. L'omniprésence hitchcockienne des violons de la bande-son renforce la tension qui plane sur San Francisco et ses bas instincts.

“Quand j’écoute trop Wagner, ça me donne envie d’envahir la Pologne”

“I can’t listen to that much Wagner, ya know? I start to get the urge to conquer Poland”

Quand leur voisine de palier décède d’un infarctus, la vie d’un couple new-yorkais s’en trouve bouleversée. Au départ, Carol (Diane Keaton) voit des indices de meurtre là où il n’y en a pas, car sa vie manque d’intérêt et que cette investigation la fait vibrer. Son mari Larry (Woody Allen), à l’inverse, est rabat-joie et pleutre, et il freine des quatre fers les ardeurs de détective paranoïaque de sa femme. Leur relation bat un peu de l’aile. Carol trouve un acolyte attentionné en la personne de Ted (Alan Alda). Larry s’ouvre à une autrice provocante, Marcia (Anjelica Huston). Sauf que… le couple finit par trouver de vraies preuves et la petite bande se met bille en tête de résoudre la sordide affaire.

Larry aime le hockey, Carol l’opéra. Ils font chacun l’effort d’accompagner l’autre. Mais cela ne les empêche pas de râler. À quoi bon aller voir un match quand on est myope et qu’on ne voit même pas le palet ? Et puis, qu’est-ce que Wagner, si ce n’est de la musique martiale pour nazis prêts à envahir un pays voisin ? Larry lance ce trait d’ironie alors qu’ils sortent, en avance, d’une représentation. Les répliques savoureuses comme celle-ci font le sel des films de Woody Allen, très attaché à ses dialogues pleins d’ironie et de jeux de mots flegmatiques. C’est un bel exemple d’« humour juif », une autodérision absurde qui conduit ce Juif new-yorkais à s’imaginer en nazi, pour mieux faire vibrer son sarcasme contre sa femme.

Meurtre mystérieux à Manhattan • 1993

Manhattan Murder Mystery
Réalisation : Woody Allen
Scénario : Woody Allen et Marshall Brickman

Avec des références à Hitchcock, Wilder et Welles, mais sans trop rechercher le suspense sérieux des films noirs, ce *Meurtre mystérieux* s'amuse du genre policier, mais aussi des romances compliquées. On rit des bons mots et des situations de ces deux flics improvisés qui avaient bien besoin de ce grand bol de mystère.

“— On n’est pas bien là ?
— Si.
— Paisibles… À la fraîche… Décontractés du gland. Et on bandera quand on aura envie de bander”

Le pénis rend-il libre ? La question se pose quand on écoute Jean-Claude (Gérard Depardieu) rassurer Pierrot (Patrick Dewaere) qui s’inquiète de la destination dans leur virée en DS, « à la fraîche » sur des petites routes de montagne. L’essentiel est de « rester décontracté du gland », de « bander quand on aura envie de bander ». Un électron libre doit-il avoir l’érection libre ?

Le film retrace les pérégrinations de deux loubards, qui multiplient les larcins au petit bonheur la chance dans la France des années 1970. Entre les vols, le harcèlement de rue et les agressions caractérisées, le film dérange encore aujourd’hui tant le point de vue semble prendre à la légère des comportements problématiques. Cette ambiguïté morale, volontairement entretenue (une fin moins ouverte sur le sort des deux compères était prévue à l’origine), ne doit pas pour autant masquer la portée historique de cette comédie provocatrice dans une France pompidolienne encore corsetée de morale malgré Mai 1968 (l’affiche est censurée à cause d’un bout de fesse coupable).

Les désirs comme les pratiques sexuelles sont ouverts ; le plaisir de jouir comme de vivre devient le moteur de l’existence et on ne s’encombre pas de réflexions morales, sociales et politiques. Tout va bien si l’on est bien, en sentant le vent chaud de l’été dans ses cheveux longs tout en pêchant au bord des canaux.

Reste la phallocratie. Si l'on s'inquiète du plaisir des femmes, c'est encore pour satisfaire la fierté des hommes et c'est souvent contre leur gré. Celles que croisent Jean-Claude et Pierrot sont vénérées jusqu'au malaise : Miou-Miou bien sûr, mais aussi Brigitte Fossey ou encore Jeanne Moreau. Chacune, à sa façon, place les deux voyous devant leur évidente fragilité masculine, en les tenant par les valseuses.

Le mot de Patrice Leconte

Bertrand Blier a toujours eu du goût pour les dialogues libres, drôles, inattendus et provocants, forcément plus intéressants que « Passe-moi le sel » ou « Il fait plutôt doux pour la saison ».
Et j'ai toujours pensé que cela lui venait de son père, Bernard Blier, qui avait été l'acteur de nombreux films dialogués par Michel Audiard, qui, lui non plus, ne se contentait pas de mots banals.
C'est comme si Bertrand, via Bernard, avait été sous perfusion plus ou moins consciente d'Audiard.
C'est une théorie qui n'engage que moi, et qui, bien sûr, n'enlève rien au talent de Bertrand Blier dont les films, écrits au cordeau, forcent l'admiration.

« Je suis le roi du monde ! »

"I'm the king of the world!"

Qui n'a jamais prononcé cette réplique sur un bateau ou devant un paysage spectaculaire ? La réplique est répétée de mémoire par des générations successives de spectateurs qui se souviennent de ce moment où Jack (Leonardo DiCaprio) la déclame à la proue du *Titanic*, les bras grands ouverts, derrière Fabrizio (Danny Nucci), au début de la funeste traversée.

Le film retrace le parcours de ce jeune vagabond, passager de troisième classe, qui espère démarrer une nouvelle vie aux États-Unis. C'est aussi une histoire d'amour, avec Rose (Kate Winslet), qui dépérit en première classe, étouffée par les conventions sociales de son rang. Le naufrage du navire met en péril leurs rêves conjoints de liberté.

Réalisation : James Cameron
Scénario : James Cameron

Accompagnée de nombreux cris de joie, la réplique se fait ainsi l'écho d'un espoir profond d'ascension sociale. Prononcée dans une posture christique devant l'infini des eaux, elle traduit les rêves de réussite du personnage principal. Il n'est pas le *roi du monde*, mais pourrait le devenir une fois le voyage accompli. Ce cri aurait pu être la célébration de tous les migrants européens du début du XXe siècle qui voyaient dans le rêve américain une réponse à leur désespoir, à l'image du jeune Vito Corleone dans les premières minutes du *Parrain, 2e partie* (Francis Ford Coppola, 1975).

Cette réplique aurait été imaginée en plein tournage par James Cameron, enjoignant son acteur, perplexe, de la « vendre à fond » (« *Just fucking sell it!* »). N'oubliant pas cette ambition promotionnelle, celui qui est sacré meilleur réalisateur aux Oscars en 1998 termine son discours de remerciement en levant les bras avec un tonitruant : « *I'm the king of the world!* » Autocitation qui nous rappelle qu'une réplique n'est pas seulement sonore, mais aussi visuelle et spatiale.

Le mot de Patrice Leconte

Si quelqu'un se plantait devant vous au détour d'un carrefour ou au cours d'une soirée branchée, en vous disant : « Je suis le roi du monde », vous seriez en droit de lui rire au nez.
Sauf que cette phrase n'appartient pas à la vie courante et qu'elle n'est pas prononcée par n'importe qui. Quand Leonardo DiCaprio se poste à l'avant du *Titanic* pour hurler qu'il est le « roi du monde », on a envie de le croire. Ne serait-ce que parce qu'il est amoureux.
Le ver de terre qui tombe amoureux d'une étoile est forcément le roi du monde. Je veux bien être le ver, si l'on me montre le ciel.

“C’est facile de savoir contre quoi on est, mais beaucoup plus difficile de savoir en quoi on croit”

“It’s easy to know what you are against, but quite another to know what you are for”

Irlande, 1920. Damien O’Donovan (Cillian Murphy) doit rejoindre Londres pour y exercer comme médecin. Son frère Teddy (Pádraic Delaney) dirige une section de l’*Irish Republican Army* (IRA), en lutte contre les soldats anglais qui commettent des exactions sur l’île. Ce dernier presse Damien de rejoindre la résistance mais il refuse, arguant que les vies perdues seront inutiles dans ce conflit voué à l’échec. Mais, témoin de l’exécution sommaire d’un ami et des vexations d’un peuple opprimé, il finit par embrasser la lutte.

Dans ce film, tout nous pousse à haïr les Anglais, mais le tableau est nuancé. L’IRA l’emporte et se scinde. Les anciens révolutionnaires deviennent parfois les nouveaux tortionnaires. Car si on arrive à savoir *contre quoi on est*, à identifier l'adversaire dans la lutte, quelle société construire après la victoire ? Cette réplique raconte le dilemme de toute guerre d’indépendance. Ken Loach filmait déjà cette difficile maturité du maquis espagnol dans *Land and Freedom* (1995). Il résume la situation en ces termes :

> « Il y a habituellement les nationalistes bourgeois qui disent : “Changez de drapeau et laissons tout comme c’était.” Puis il y a les révolutionnaires qui disent : “Nous allons changer les lois sur la propriété.” »

The Wind That Shakes the Barley
Réalisation : Ken Loach
Scénario : Paul Laverty

Le réalisateur doublement palmé montre que la révolution est sociale avant d'être nationaliste. Lorsque la ligne de fracture passe au cœur d'une famille ou d'une amitié, cela se transforme en dilemme shakespearien. Loach l'a compris : ne cédant pas à la facilité du mélo, il trouve la justesse des sentiments humains. Le titre anglais, *The Wind That Shakes the Barley* (« Le vent qui agite l'orge »), est un poème irlandais du XIXe siècle sur la rébellion qui secoue l'île en 1798. « Le vent se lève !... écrivait Paul Valéry, il faut tenter de vivre ! »

“ Dans la vie, tu rencontreras beaucoup de cons ”

Adapté de la bande dessinée du même nom, *Persepolis* retrace sous la forme d'un film d'animation les moments charnières de la vie de son autrice, Marjane Satrapi (dont la voix est doublée par Chiara Mastroianni et Gabrielle Lopes Benites). Les passages en couleur correspondent au présent, dans l'aéroport d'Orly, où Marjane s'apprête à prendre l'avion pour l'Iran et se souvient de son enfance et de son adolescence. L'essentiel du film fonctionne donc par flashbacks en noir et blanc.

Gamine enjouée à Téhéran en 1978, elle s'amuse de la déposition du Shah, sous le regard affectueux de sa grand-mère (avec la voix de Danielle Darrieux). C'est cette dernière qui prononce cette réplique, annonçant en quelque sorte les futures épreuves de Marjane. Elle distille aussi un peu de la morale qu'elle veut lui transmettre : ne jamais céder à l'amertume et la vengeance, malgré la bêtise des autres, malgré ces « cons » que la société, la religion ou l'amour mettront sur sa route.

Réalisation : Marjane Satrapi et Vincent Paronnaud
Scénario : Marjane Satrapi et Vincent Paronnaud
D'après la bande dessinée éponyme de : Marjane Satrapi, 2000

Les gardiens de la révolution, qui prennent le pouvoir, organisent la répression et contraignent Marjane à porter le voile. Sauf que, devenue adolescente, la jeune femme est révoltée et dit un peu trop ce qu'elle pense. Ses parents l'envoient donc à Vienne pour sa sécurité, où elle découvre la liberté et le rejet, l'amour et l'exil. Après être revenue au pays, elle se marie, bonnes mœurs obligent, avec l'homme dont elle est certes amoureuse mais qu'elle connaît à peine. Elle est mélancolique de cette vie qu'elle n'a pas vraiment choisie. Finalement, la répression des Mollahs s'intensifie et les choses tournent mal. Elle prend de nouveau le chemin de l'exil, pour de bon.

Persepolis nous montre, avec humour et joliesse, par les yeux d'une petite fille et d'une femme habitée par le désir de liberté, toute l'oppression qu'une société peut infliger. Mais pas seulement celle des soldats et de l'État : la violence et la méchanceté des gens normaux aussi. C'est la banalité du mal et de la connerie.

“Je n’ai pas peur de la mort que vous me donnez. Elle a une place en moi”

Cette formule – *je n’ai pas peur* – pourrait s’appliquer à de nombreux personnages du film du réalisateur mauritanien Abderrahmane Sissako, *Timbuktu – Le Chagrin des oiseaux* (2014). Il y met en scène la résistance active ou passive des habitants de Tombouctou, au Mali, dont la ville est envahie par des djihadistes internationaux. Les joueurs de foot sans ballon, l’imam qui dialogue avec l’occupant pour marquer sa différence d’interprétation, la poissonnière qui refuse de porter des gants, la jeune fille qui renvoie le soldat mécontent de sa pudeur à son propre regard d’homme : autant de civils qui n’ont pas peur, en dépit de la mort qui rôde.

Réalisation : Abderrahmane Sissako
Scénario : Kessen Tall

Et il y a Kidane (Ibrahim Ahmed), éleveur touareg, qui tue accidentellement Amadou, un pêcheur, dans un décor majestueux à la John Ford. Alors qu'il contourne jusqu'alors tranquillement les règles imposées par les fondamentalistes, il doit désormais rendre des comptes devant leur tribunal. Plusieurs dialogues le confrontent à ses accusateurs, des échanges en partie improvisés par un acteur non professionnel. La réplique, prononcée avant la sentence, témoigne de sa profonde culture touareg, enracinée dans la rudesse et l'âpreté du désert. Comme berger dans un milieu hostile, la mort fait partie de son quotidien. C'est celle de ses bêtes, de la végétation et des siens. Il place sa foi dans un Dieu qu'il croit juste et s'oppose ainsi au légalisme absurde des intégristes étrangers. Sissako tourne en ridicule ces combattants internationaux désœuvrés et pétris de contradictions, qui ont recours à des traducteurs pour se faire comprendre des locaux. Ils occupent, captent et détournent une foi autant qu'une ville, en invisibilisant les croyants qui y habitent. Si les oiseaux ont du chagrin, c'est qu'ils doivent se cacher pour mourir.

“— J’ai toujours rêvé de faire cela !
— Mourir ?
— Courir !”

Marianne (Noémie Merlant) doit réaliser le portrait de mariage d’Héloïse (Adèle Haenel), qui refuse de se laisser peindre autant que de se marier, en masquant son visage. Au cours d’une promenade en bord de mer, Héloïse se met précipitamment à courir en direction des falaises du haut desquelles sa sœur s’est jetée quelques années plus tôt. Elle s’arrête au bord du précipice et dévoile ainsi ses intentions à sa suivante : courir pour réaliser son rêve intime d’émancipation, et non mourir, comme le craignait Marianne.

Héloïse ne consent ni aux conventions sociales - cette noce qui lui est imposée - ni aux codes assignés à son genre, qui interdisent aux femmes respectables de s’enfuir à travers la lande, de crier, de nager, d’être amoureuses et donc d’être libres. La course, dès lors, devient un acte politique, que souligne le jeu sonore entre *mourir* et *courir* qui convoque la devise révolutionnaire française (inspirée du serment de Platées, 479 av. J.-C.) : « La liberté ou la mort ».

Ce jeu de sonorités devient jeu de sororité dans un film où les hommes sont absents et les femmes s'entraident pour s'évader d'une société qui les écrase. Marianne et Héloïse, incarnant tour à tour Orphée et Eurydice, se regardent sans cesse pour mieux s'aimer dans un ballet amoureux solidaire et égalitaire. Dans une scène clé, une phrase de Nietzsche, traduite en latin, chantée par un chœur sur une mélodie du compositeur Para One, contient en creux tout ce programme de rupture avec leur temps : « *Et amplius non oriri et parva videntur esse, qui neque volare possit* » (« Plus nous nous élevons et plus nous paraissons petits à ceux qui ne savent pas voler »).

“Tu ne vas pas le croire, mais en ce monde, tout sert à quelque chose”

“Tu non ci crederai, ma tutto quello che c’è a questo mondo serve a qualcosa”

Gelsomina (Giulietta Masina) est une jeune fille simple d’esprit. Elle est vendue par sa mère au forain Zampano (Anthony Quinn), qui vit de ses spectacles itinérants pathétiques de briseur de chaînes. Celui-ci est brutal, mais Gelsomina s’y attache. Elle reste par ailleurs fascinée par « le Fou » (Richard Basehart), funambule en conflit avec Zampano, qui finit par le tuer. Gelsomina sombre alors dans la folie.

La Strada (littéralement « la route ») est un chef-d’œuvre lyrique et déroutant. Sur fond de paysages italiens, Fellini dépasse le néoréalisme en préférant des personnages expressionnistes. Le regard enfantin de l’héroïne, qui sait voir la beauté du monde et rester pauvre dans sa vie en carriole, charrie une certaine spiritualité que les commentateurs autorisés ont rapprochée de la pensée franciscaine.

Réalisation : Federico Fellini
Scénario : Federico Fellini, Tullio Pinelli et Ennio Flaiano

Lorsque le funambule se prend à jouer les philosophes leibniziens en expliquant que tout a une utilité dans le monde, Gelsomina, en innocente trahie par la vie, lui demande de se justifier. À quoi sert un petit caillou ? « Si je savais, lui répond-il, je serais le bon Dieu qui sait tout [...]. Ce caillou sert sûrement à quelque chose. S'il est inutile, tout le reste est inutile, même les étoiles. Et toi aussi, tu sers à quelque chose avec ta tête d'artichaut. » Cette foi du Fou en un monde qui aurait un sens est l'expression du remède chrétien à la révolte. Mais Fellini dépasse la croyance de l'évidente nécessité grâce au personnage de Gelsomina, qui montre que la bonté d'âme se passe d'utilité.

L'ambiance bohémienne, sur une épure musicale de Nino Rota (*Le Parrain*, 1972), vient compléter ce doux évangile mélancolique : la jeune clown disgracieuse est un ange sur la route.

Le mot de Patrice Leconte

De Fellini, je retiens aussi le « *Marcello! Come here!* » de *La Dolce Vita* (1960). Lorsqu'Anita Ekberg plonge, à la nuit tombée, tout habillée dans la fontaine de Trevi, et qu'elle demande à Marcello Mastroianni de l'y rejoindre, on sent bien que ce dernier, même grisé par elle, n'a guère envie d'aller tremper son costume. Il hésite, tergiverse, essaie de la ramener à la raison. La scène est magnifique.
Aurait-elle été aussi belle et mythique si Mastroianni avait répondu : « *Sorry, Anita, I don't have my bathing suit* » ?
Comme quoi, une réplique de trop peut faire virer une bonne scène à la catastrophe.

“On a tout gâché”

“We blew it”

« *It's not a motorcycle, it's a chopper, baby!* » (« C'est un chopper, ma puce ! ») s'exclame Bruce Willis dans *Pulp Fiction* (Quentin Tarantino, 1994). La nuance est importante pour les motards comme pour les cinéphiles. *Easy Rider* popularise les *choppers*, ces motos à longue fourche modifiées pour être plus rapides, comme la *Captain America* à la bannière étoilée. Dans ce road-movie, la bande originale démente se mêle au rugissement des moteurs de Wyatt (Peter Fonda) et Billy (Dennis Hopper) pour épouser le souffle de liberté des *sixties*.

Réalisation : Dennis Hopper
Scénario : Denis Hopper, Peter Fonda
et Terry Southern

Le *chopper*, c'est tout un art de vivre. La pétoire customisée symbolise une marginalité qui défie l'Amérique traditionnelle. C'est palpable dans la réplique prononcée par Peter Fonda au coin du feu : « *We blew it* » (« On a tout gâché »). Elle aurait été improvisée par l'acteur, sans plus d'explication. Une abstraction qui permet, d'après lui, de faire cogiter les spectateurs. Qu'est-ce qui a été *gâché* ? Sans doute l'idéal américain, patrie autoproclamée de la liberté dévoyée par le consumérisme et le conservatisme. Mais la mélancolie de la réplique signe peut-être aussi l'échec des idéaux libertaires. Elle répond en effet à Billy qui se réjouit de s'être enrichi et de prendre sa retraite en Floride. Comme si la contre-culture s'inclinait devant l'appât du gain qui contamine tout, y compris les *bikers*.

Reste la liberté de créer, sa moto ou son film. Tourné pour un budget dérisoire en décor naturel, *Easy Rider* sonne l'acte de naissance du Nouvel Hollywood, ces jeunes réalisateurs américains qui militent dans les années 1970 pour un cinéma ancré dans le réel, loin des studios et de leurs conventions, sur le modèle de la Nouvelle Vague. « *Born to be wild* », dit le célèbre morceau de Steppenwolf qui accompagne le film : un slogan que n'auraient pas renié Martin Scorsese, Francis Ford Coppola ou encore Michael Cimino dans les années 1970.

“C’est à moi que tu parles? C’est à moi que tu parles?”

“*You talkin’ to me?*”

Travis Bickle (Robert De Niro) est un chauffeur de taxi nocturne et taciturne, vétéran du Viêt Nam. Souffrant de ce que l’on n’appelle pas encore le *stress post-traumatique*, cet homme inadapté s’enferme dans une spirale de violence contre une Amérique qu’il considère comme décadente. La dérive de ce solitaire passionné par les armes à feu croise la misère d’une prostituée mineure (Jodie Foster), qu’il se met en tête d’arracher à sa condition.

Devant sa glace, le *taxi driver* s’entraîne à dégainer pour préparer un attentat. Il travaille son style de « vrai dur » en se parlant à lui-même comme à un double. Derrière le miroir, le spectateur est l’unique témoin de sa solitude. « *You talkin’ to me?* » est une question rhétorique qui veut provoquer un rapport de force dans un monologue de sourd. Bickle, qui n’a parlé à personne depuis longtemps, a besoin de cet ennemi imaginaire, de cet autre qui nourrit sa paranoïa. L’isolement n’en est que plus pathétique.

Cette réplique à la postérité exceptionnelle a pourtant été improvisée par l’acteur fétiche de Scorsese. Elle a été reprise, entre autres hommages, par Vincent Cassel dans *La Haine* (Mathieu Kassovitz, 1995).

Réalisation : Martin Scorsese
Scénario : Paul Schrader

Après *Mean Streets* (1973) et avant *Raging Bull* (1980), Scorsese signe un film marquant sur la radicalisation, qui n'a pas pris une ride. *Taxi Driver* montre tout à la fois les douleurs du Viêt Nam, la violence d'une société des armes et l'exil d'un individu dans sa propre vie. Le miroir devant lequel Robert De Niro monologue est également celui que le réalisateur tend à une société dont les repères disparaissent. Et qui ne parle plus à personne.

Le mot de Patrice Leconte

Voilà encore un bon exemple de l'incontournable intérêt de la version originale par rapport à la version doublée. J'espère que Robert De Niro ne se verra jamais sur un écran en train de dire : « C'est à moi que tu parles ? »
En anglais, il y a un vrai rythme. Alors que la scansion française est sirupeuse et flasque.
L'autre jour, je monte dans un taxi (à Paris, pas à New York). Le chauffeur prend un itinéraire que je trouve étrange. Je lui demande pourquoi il ne prend pas plutôt par la rue de Vaugirard. Il se retourne vers moi et me lance : « *Are you talking to me?* » Cela prouve bien que les chauffeurs parisiens ont vu *Taxi Driver* en VO.

“La vie, c’est comme une boîte de chocolats, on ne sait jamais sur quoi on va tomber”

“Life was like a box of chocolates. You never know what you’re gonna get”

Forrest Gump (Tom Hanks) a des qualités athlétiques exceptionnelles, une gentillesse à toute épreuve, mais c’est aussi un « simple d’esprit », comme disent les gens. Pourtant, son destin extraordinaire le rend témoin ou acteur d’événements parmi les plus importants de la seconde moitié du XXe siècle américain. C’est ainsi qu’il apprend à danser à Elvis Presley, combat au Viêt Nam, est un témoin direct de l’affaire du Watergate, inspire la chanson *Imagine* à John Lennon, rencontre les présidents Kennedy, Johnson et Nixon, ou finance le lancement de l’entreprise Apple. Une vie au pas de course, Forrest !

Si sa trajectoire est spectaculaire, sa sagesse est simple et déconcertante. Le sens de la réplique de la boîte de chocolats, qu'il dit tenir de sa mère, n’est pourtant pas explicite. C’est à nous de comprendre ce qu’elle nous dit sur l’imprévu de l’existence. La structure est celle, classique, des maximes. Elle prend ici la forme de la citation d’une autorité spirituelle : sa maman, et non un philosophe antique. Forrest ne se soucie pas de décortiquer la philosophie de ses petites phrases. Tout le monde, même les plus fragiles, peut nous amener à réfléchir sur la vie.

Réalisation : Robert Zemeckis
Scénario : Eric Roth
D'après le roman éponyme de : Winston Groom, 1986

Cette belle histoire est un remède au pire des orgueils. Car de la gentillesse et de la simplicité de Forrest Gump naît une vie absolument hors du commun. C'est lui le chocolat inattendu de la boîte qui a marqué toute une génération de spectateurs. Au point que le banc sur lequel il prononce cette phrase est aujourd'hui conservé dans un musée, dans l'État américain de Géorgie. Le film nous invite à respecter et admirer les plus petites choses et les plus fragiles, car on ne sait jamais sur qui on va tomber.

Le mot de Patrice Leconte

Cette réplique culte ne me parle pas trop, puisque je n'aime pas le chocolat. Je n'en ai donc jamais ouvert une boîte – oui, c'est possible !

“ Jusqu’ici tout va bien ”

Après une bavure policière qui a plongé un de leurs amis dans le coma et provoqué une nuit d’émeutes en banlieue, Hubert (Hubert Koundé), Vinz (Vincent Cassel) et Saïd (Saïd Taghmaoui) traînent entre les blocs de leur cité et dans les rues de Paris. Le film retrace leurs péripéties inconséquentes pendant 24 heures, entre haine de la police, embrouilles et petits larcins.

Lorsque Vinz montre le Smith & Wesson qu’il a subtilisé la nuit des protestations et annonce qu’il envisage de « tuer un flic » pour venger leur ami, un bras de fer philosophique s’engage entre les jeunes. D’un côté, cousin Hub (référence aux *Visiteurs* de Jean-Marie Poiré, 1993), boxeur pacifiste et réfléchi, sait que la violence n’accouche que de la violence. De l’autre, Vinz, matamore belliqueux aux cheveux ras, a « la haine » contre le système. Devant sa glace, il s’entraîne à provoquer son monde : « C’est à moi que tu parles ? » se lance-t-il à lui-même, façon *Taxi Driver* (Martin Scorsese, 1976).

Réalisation : Mathieu Kassovitz
Scénario : Mathieu Kassovitz

« Jusqu'ici tout va bien » est une phrase des *Sept Mercenaires* (John Sturges, 1960). Mais dans *La Haine*, la suite de la réplique est décisive : « L'important, c'est pas la chute. C'est l'atterrissage. »

Précision superfétatoire (*jusqu'ici* laisse déjà présager que la suite sera moins rose) mais délicieuse allégorie du film qui retrace la longue déchéance de ces jeunes qui n'ont pas les pieds sur terre et dont le retour à la réalité est brutal.

L'image en noir et blanc, également inspirée de Scorsese (*Raging Bull*, 1980), renforce le manichéisme apparent du système. Les producteurs, craignant que le noir et blanc ne soit un frein au succès du film, imposent d'ailleurs à Kassovitz de préparer une version en couleur pour la télévision (mais face au succès en salle de l'originale, cette dernière ne sera jamais diffusée). Pourtant, cette histoire, qui n'a ni gentil ni méchant, se déploie tout en nuances de gris. La lutte morale entre le Bien et le Mal laisse donc la place à l'affrontement clanique. Et la saine colère à la haine.

Le mot de Patrice Leconte

J'aime bien cette réplique, dont je me sers d'ailleurs régulièrement, quand je dois affronter une situation périlleuse (les exemples abondent, inutile d'en faire état).
Mais elle n'est pas follement rassurante. *Jusqu'ici* ? Et après ? Cette phrase ressemble à un gros nuage noir dont on peut penser qu'il est annonciateur d'orage. C'est bien dans ce sens qu'elle traverse *La Haine*.

“Change rien, Duc, continue de te la couler douce”

“*Take it easy Dude*”

Jeff Lebowski (Jeff Bridges) ne fait pas grand-chose de sa vie, hormis jouer au bowling avec son copain Walter (John Goodman) et boire des *White Russians*. Un jour, pris pour un homonyme, Lebowski est passé à tabac chez lui par deux malfrats, qui en profitent pour souiller son tapis. Il part alors à la recherche de cet autre lui, dont il espère obtenir réparation pour le tapis.

Ce sublime fainéant préfère qu'on l'appelle « *The Dude* », « le mec ». Bref, le type qui n'a rien de particulier. La traduction française, préférant l'homophonie à la proximité du sens, a choisi d'en faire « le Duc ». Ce qui est donc l'inverse.

Ce film burlesque, pastiche des films noirs, est désormais culte. Au point qu'une sorte de faux culte, prenant Lebowski pour modèle, a même vu le jour : le dudéisme. Pourtant, le Dude ne coche aucune des cases de l'Américain modèle. Célibataire, sans travail, ni religieux ni patriote, sans esprit d'entreprise : pas le genre de gars qui va rendre l'Amérique *great again*.

Réalisation : Joel Coen
Scénario : Joel et Ethan Coen

Le narrateur (Sam Elliott), qui s'invite dans la scène finale du film sous les traits d'un cowboy accoudé au bar du bowling, invite le Dude à ne rien changer, à se la « couler douce » (l'expression vient de l'image du temps qui s'écoule, comme un sablier). *Take it easy, Dude.* Comme si les frères Coen, génial duo de caricaturistes et défenseurs du cinéma indépendant, voulaient montrer que ce qui fait l'Amérique, ce sont aussi ses antihéros.

Le mot de Patrice Leconte

The Big Lebowski est un de mes films préférés. Je le regarde une fois par an, comme un pèlerinage joyeux, un rendez-vous que je m'en voudrais de manquer. Parce que la fantaisie, le talent des frères Coen et l'imagination sont là, à chaque plan.

Je n'ai jamais regardé un film étranger en version doublée. Je ne veux pas voir Jeff Bridges ou John Goodman parler français, quelle que soit l'habileté des comédiens de doublage. Quand je vois cette réplique en français, je me dis que j'ai bien raison.

“J’emmerde cette ville et tous ses habitants”

“Fuck this whole city and everyone in it”

Un homme devant un miroir conchie tous ses contemporains dans un monologue de cinq minutes où le mot *fuck* est prononcé pas moins de 40 fois. Ce Monty Brogan (Edward Norton) qui recouvre de merde la terre entière est un trafiquant qui vient d'apprendre sa condamnation. Il vit sa dernière journée de liberté avant sept années de détention. Il ne sait pas qui a pu le trahir, il sait juste que sa vie ne sera jamais la même et qu'il lui reste 24 heures pour régler ses affaires familiales et trouver la paix.

En attendant, sa colère éclabousse toute les communautés new-yorkaises, des « Russes de Brighton Beach » jusqu'aux « Blacks de Harlem », en passant par « les vieilles friquées de l'Upper East Side » et les traders, ces « Michael Douglas [...] à la mords-moi-le-nœud ». Monty s'emballe alors qu'il s'adresse face caméra en vomissant sa haine sur tout ce qui passe : les flics, les prêtres, Ben Laden et même ses amis. Il espère la destruction de toute la ville, bonne à être engloutie avec « tous les rats qui s'y terrent ». La phrase n'est pas anodine, moins de deux ans après les attentats du 11 Septembre.

25th Hour
Réalisation : Spike Lee
Scénario : David Benioff
D'après le roman de : David Benioff, *The 25th Hour*, 1993

Cette évocation historique est sans doute une clé pour comprendre la portée de cette diarrhée verbale. Spike Lee ouvre son film avec des plans de Ground Zero. Derrière les insultes racistes et les *fuck* en cascade, c'est le portrait d'un homme aussi fracturé que sa cité. L'impossible dialogue entre les communautés et les personnes est à l'image des déchirures personnelles de Monty, qui finit par comprendre que le seul et unique responsable de son malheur se trouve devant lui, dans ce miroir funeste : « Je t'emmerde toi, Montgomery Brogan. Tu avais toutes les cartes en main et tu t'es démerdé pour tout foutre en l'air. » Il en va peut-être ainsi de toute l'Amérique.

« Être intégré dans un monde de tarés, je ne suis pas sûr que ce soit une réussite »

Suze (Virginie Efira), coiffeuse quadragénaire, est condamnée à court terme par une maladie incurable. Elle se met à la recherche de son fils dont elle a accouché sous X quand elle avait 15 ans. Alors qu'elle est confrontée à une administration kafkaïenne, elle fait la rencontre de « JB » (Albert Dupontel), informaticien, qui rate sa tentative de suicide au fusil de chasse dans le bureau d'à côté et blesse un employé. Ils sont alors poursuivis par la police.

Réalisation : Albert Dupontel
Scénario : Albert Dupontel

Les deux protagonistes sont dés-intégrés, ils ne font pas partie de la société, ce « monde de tarés ». Ils n'ont pas les repères artificiels que celle-ci fournit. Quand JB prononce cette phrase (« Être intégré dans un monde de tarés, je ne suis pas sûr que ce soit une réussite »), il laisse apparaître toute sa triste lucidité, sa critique et son dégoût du conformisme. Réussir dans ce monde ne permet pas d'être heureux. Ce pourrait être le point de départ d'une aventure dans la nature. Mais c'est le terminus d'un train immobile et tragique. Elle veut vivre mais ne le peut pas. Il peut vivre mais ne le veut pas.

Le scéna-réalis-acteur Dupontel fait un carton d'audience alors que le film sort en 2020, en plein couvre-feu. Dupontel – qui, depuis *Bernie* (1996) ou encore *Enfermés dehors* (2006), a fait des marginaux ses héros de prédilection – nous rappelle que les intégrés n'ont pas le monopole du cœur (de parent, d'amoureux, d'humain). Son film est aussi drôle que politique, burlesque et antisystème : l'employé des archives (Nicolas Marié) chargé du tri des dossiers des naissances est aveugle depuis qu'il a reçu des tirs de LBD dans les yeux par la police. Mais le rire est plus mélancolique que comique : au moment où la tendresse naît, l'impasse d'une vie sans espoir s'impose. C'est la mort, la mort toujours recommencée. Pour eux, c'est presque une réussite.

« Je ne suis pas sans-abri, je suis juste sans maison »

"I'm not homeless. I'm just house-less"

Fern (Frances McDormand) est une sexagénaire hirsute qui a tout perdu après la crise économique de 2008. Elle vit désormais en quasi-nomade dans sa camionnette, avec laquelle elle sillonne l'Ouest américain, entre petits boulots saisonniers et amitiés éphémères sur la route.

La réplique dit tout de l'ambiguïté de sa situation : après la mort de son mari, c'est elle qui décide de vendre presque tout ce qu'elle possède pour acheter son véhicule. Elle n'est pas seulement victime de la situation, elle fait aussi le choix de la liberté. Du moins, c'est ce qu'elle a décidé de croire. Car il y a chez cette femme une propension à faire de nécessité vertu : ce qui est subi est sublimé dans l'illusion d'une vie bohème. Alors, quand sa nièce sous-entend qu'elle serait « sans-abri », elle s'empresse de marquer sa différence. Pas besoin d'une maison (*house*) pour avoir un chez-soi (*home*). Être sans maison, c'est vivre sur la route : elle va refuser l'amour et un toit pour rester libre.

Réalisation : Chloé Zhao
Scénario : Chloé Zhao
D'après le livre de : Jessica Bruder, *Nomadland: Surviving America in the Twenty-First Century*, 2017

La ville où vivait Fern, Empire, a été rayée de la carte lorsque l'usine qui embauchait tout le monde a fermé. *Nomadland* est la chronique d'une vie, mais aussi d'un pays dont l'économie change. Fern est devenue solitaire et refuse les mains tendues pour revenir dans la « normalité » sédentaire. Chloé Zhao dépeint, à côté de son héroïne au jeu sobre et juste, une galerie de portraits très touchants et jamais misérabilistes. Elle montre la « vraie vie » de ces gens sans verser dans le documentaire. Une caméra sensible dans la terre des nomades.

“Elle va être un peu belle, la France, dans dix ans”

Antoine Doinel (Jean-Pierre Léaud) est un gamin de 12 ans fort en gueule. Il n’est pas bon à l’école (même s’il adore Balzac) et sa mère (Claire Maurier) semble lui porter peu d’affection. Maladroit, malgré sa bonne volonté, il s’enferme peu à peu dans une spirale de mensonges et de petits larcins, qui le conduisent dans un établissement disciplinaire pour mineurs. Mais Antoine ne cesse jamais d’être attachant devant la caméra de son mentor, le réalisateur François Truffaut, qui le filme avec une sensibilité qui n’est pas celle des adultes qui l’entourent.

L’expression *faire les quatre cents coups*, pour « faire plein de bêtises », date du début du XIXe siècle. Après une série de bourdes du héros, son instituteur, plein de dépit, lance en prophète cette réplique qui annonce sans le savoir Mai 1968 (le tournage a lieu en 1958). Il représente ce vieux monde qui ne comprend décidément pas sa turbulente jeunesse. Même si Truffaut le niera pour ne pas heurter ses parents, ce film est très inspiré par sa propre enfance, malheureuse, avec une mère peu aimante et un père adoptif. Comme un miroir tendu aux grandes personnes qui auraient oublié leurs peines d’enfants, il fait dire à la mère Doinel : « Tu sais, j’ai eu ton âge, moi aussi. Vous oubliez toujours ça, les gosses. »

Réalisation : François Truffaut
Scénario : François Truffaut et Marcel Moussy

Truffaut, ancien critique aux *Cahiers du cinéma* devenu cinéaste, nous offre quatre autres films avec le remuant Doinel/Léaud : *Antoine et Colette* (1962), *Baisers volés* (1968), *Domicile conjugal* (1970) et *L'Amour en fuite* (1979). La fuite, justement : dans la dernière scène du film, le jeune Antoine s'évade, court vers la mer, vers la liberté, vers une époque qui desserre le carcan moral et paternaliste de l'après-guerre. « La France, dans dix ans », elle s'ouvre un peu grâce à Truffaut.

Le mot de Patrice Leconte

Citons aussi la réplique culte que Doinel lance à son instituteur, en guise d'excuse : « C'est ma mère, elle est morte ! » Enterrer sa mère alors qu'elle est toujours vivante n'est guère glorieux mais permet de clouer le bec à un professeur suspicieux. Jean-Pierre Léaud envoie cette phrase comme un cri, un truc imparable, une énergie du désespoir. Sur le coup, il n'imagine pas les représailles. Mais il s'en fout, il a sauvé sa tête (pour un temps). Cette réplique est tellement percutante, vive, irraisonnée, que je me demande si François Truffaut ne l'aurait pas dite lui-même un jour.
Et puis je me souviendrai toujours de Doinel scandant son nom devant le miroir de sa salle de bain dans *Baisers volés* (1968) : « Antoine Doinel, Antoine Doinel, Antoine Doinel... » Et alternant avec celui, incandescent, de Fabienne Tabard (Delphine Seyrig), et cet autre, plus sage, trop sage, de Christine Darbon (Claude Jade). Il ressasse, ne sait plus où il en est, se regarde comme s'il se demandait qui le faisait vraiment chavirer (en fait, il connaît la réponse), comme s'il devait choisir entre se ranger, faire un mariage raisonnable, ou bien croire à ses rêves. À la fin de ce long plan fixe, il perd pied, manque de tituber, la tête lui tourne, il s'appuie sur le lavabo, se regarde à nouveau, silencieux, amoureux perdu dont les sentiments contradictoires s'entrechoquent. C'est simple, vrai et très beau.

“Si vous n’aimez pas la mer, si vous n’aimez pas la montagne, si vous n’aimez pas la ville. Allez vous faire foutre ! ”

Michel Poiccard (Jean-Paul Belmondo) est un voyou. Au volant d’une voiture volée, il fait la route de Marseille à Paris et prononce cette réplique parmi les plus célèbres de la Nouvelle Vague. En route, il tue un gendarme qui voulait le verbaliser. Une fois à Paris, il retrouve Patricia (Jean Seberg), étudiante américaine aux cheveux courts qui vend des journaux sur les Champs-Élysées. Il essaiera sans succès de coucher avec elle, alors qu’il est recherché par la police et que l’étau se resserre…

Tantôt en regardant la route, tantôt face caméra, Bebel brise le quatrième mur et balance au visage du spectateur cette séquence aussi inattendue qu’ordurière. Pourquoi ? Probablement pour nous faire ressentir le sentiment de liberté, de transgression, de défi au cinéma à l’ancienne, remis en cause par une nouvelle génération de cinéastes décidés à s’affranchir des codes. Et à la fin de l’envoi, il touche, car encore aujourd’hui cette scène nous perturbe et nous amuse. On s’attend à ce que l’anaphore (« Si… ») nous conduise à une solution. Il n’en est rien. Comme si, à force de critiques, il ne restait que du vide.

Réalisation : Jean-Luc Godard
Scénario : Jean-Luc Godard, d'après une idée originale de François Truffaut

Macho attachant, gueule cassée sympathique, Belmondo incarne à merveille ce cinéma différent que Godard contribue à faire accoucher dans ce premier long métrage. Seberg représente la culture, la femme émancipée, la liberté : tout un programme pré-soixante-huitard. La plume et la caméra de Godard sont remarquables d'inventivité : ellipses narratives, alternance de gros plans sur les visages et de plans américains (jusqu'aux cuisses), conclusion en forme de tragédie racinienne, décors naturels et jeux de lumière, etc. Plus de soixante ans plus tard, les cinéphiles sont encore soufflés.

Le mot de Patrice Leconte

Le fait est que de n'aimer ni la mer, ni la montagne, ni la ville est un terrible handicap. Reste la campagne, où il fait bon vivre, mais Belmondo n'en fait pas état. Il est vrai qu'à la campagne, il n'aurait pas eu la chance de rencontrer Jean Seberg, qui vend le *New York Herald Tribune* en tee-shirt et cheveux courts sur les Champs-Élysées.
Non loin de cette réplique, toujours au volant de sa voiture, Belmondo, cigarette au bec, jette un coup d'œil dans le rétroviseur et voit une voiture qui le suit. Il lance cette phrase que j'adore (allez savoir pourquoi) : « S'il croit qu'il va me doubler, avec sa frégate à la con. »
C'est ainsi que des mots dérisoires, dits par des acteurs qui ne le sont pas, deviennent inoubliables.

“Tant que je suis belle, je suis vivante”

Cléo (Corinne Marchand) est une jeune et belle chanteuse un peu désinvolte, qui craint d'être atteinte d'un cancer. En temps réel, nous la voyons attendre le résultat de ses examens médicaux en trompant l'angoisse auprès de ses proches, comme sa gouvernante Angèle (Dominique Davray) ou Bob, le musicien de jazz (Michel Legrand, également compositeur de la bande originale). Pendant deux heures, elle erre dans Paris, égotique et affligée.

Cette réplique, qui dit tout de la superficialité du personnage, n'est pas prononcée à voix haute par Cléo, mais par sa voix intérieure. Elle se trouve dans l'entrée de son immeuble, face à une multitude de reflets d'elle-même dans deux miroirs se faisant face. Par-devers elle, Cléo cherche surtout à se convaincre : « Minute, beau papillon, être laide c'est ça la mort. Tant que je suis belle, je suis vivante et dix fois plus que les autres. »

Réalisation : Agnès Varda
Scénario : Agnès Varda

Le miroir occupe une place centrale dans tout le film. Il exprime le thème de l'apparence, filé par Agnès Varda jusque dans sa manière de filmer, avec de nombreux plans rapprochés des visages. L'héroïne est obsédée par sa beauté, qui est un symbole de jeunesse et de vitalité. Mais il est absurde de se penser immortelle sous prétexte qu'on est belle. La réalisatrice introduit ici un sujet nouveau pour le cinéma et une préoccupation croissante qui touche toute la société sans faire de différence : le cancer. Ce mot (qui porte malheur, selon son producteur) jure avec la vanité de ce personnage qui joue un rôle en permanence. Sa souffrance hyperbolique dans l'attente du diagnostic tranche avec la maladie silencieuse. Seule sa rencontre avec un jeune homme à la fin du récit lui apporte un peu de paix intérieure. L'ego n'empêche pas l'amour. Le beau n'empêche pas la mort.

“Tu les trouves jolies, mes fesses ?”

Paul (Michel Piccoli) est scénariste. Avec sa femme Camille (Brigitte Bardot), ils partent retrouver le réalisateur allemand Fritz Lang (dans son propre rôle) sur le tournage du film *Ulysse*. Peu à peu, le couple se désagrège dans une incompréhension mutuelle qui les conduira jusqu'au mépris.

Dans un long plan introductif, la caméra de Godard filme le corps nu de Brigitte Bardot, allongée sur le ventre, dans les bras de Michel Piccoli. La première version du *Mépris* ne comprenait pas cette scène. Mais les producteurs américains exigèrent davantage de nudité. Ils souhaitaient « voir le cul de Bardot », selon des propos rapportés. Alors Godard, facétieux, détourna l'injonction en ajoutant des filtres colorés et faisant dire à l'actrice-star, comme un pied de nez aux yankees : « Tu les trouves jolies, mes fesses ? » sur une musique de Georges Delerue.

Cette réplique est souvent mal citée. Les gens disent plutôt : « Mes fesses, tu les aimes mes fesses ? » Il y a probablement une confusion avec une autre phrase de BB : « Mes seins, tu les aimes ? » Cela dit aussi quelque chose de la mémoire des répliques cultes qui acquièrent un statut par la répétition entre proches ou entre cinéphiles (et non à force de visionnages). En se répétant, elles se modifient. On ne vénère donc pas tant le script que l'image de la phrase et la sensation du film dans nos souvenirs.

Réalisation : Jean-Luc Godard
Scénario : Jean-Luc Godard
D'après le roman éponyme de : Alberto Moravia, 1954

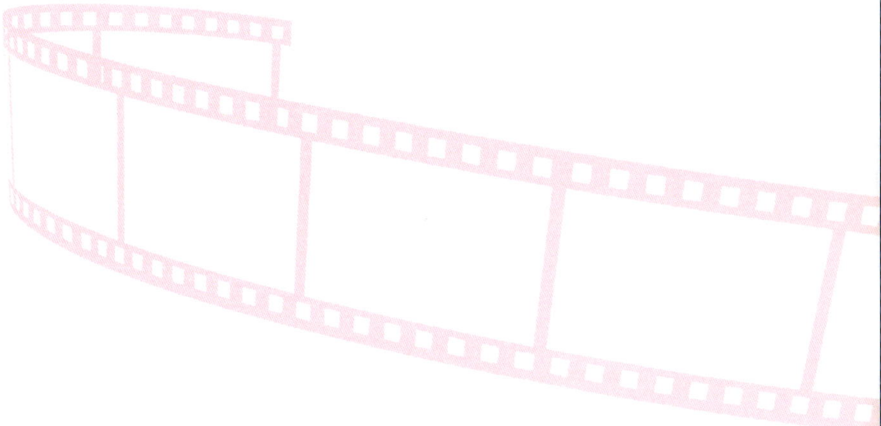

Malgré un *male gaze* prononcé, Bardot reste transgressive, car c'est elle qui prend les devants et parle de son derrière. Souvent, les films mettent en scène des hommes pérorant sur les fesses des femmes. Avec beaucoup d'(arrière-)entrain, on pense à Henri (Jean-Pierre Marielle) dans *Les Galettes de Pont-Aven* (1975) : « Ton cul, c'est mon génie. » Mais s'arrêter aux fesses, ce serait oublier le reste d'une œuvre majeure. Un livre, presque. « Cela s'appelle *Le Mépris*, le romancier est un nommé Godard » (Louis Aragon).

Le mot de Patrice Leconte

Le fait qu'une des plus belles femmes du monde puisse s'inquiéter de savoir si on trouve belles ses fesses est la preuve d'une charmante modestie.

« Vous savez comme les gens sont beaux la nuit »

Alexandre (Jean-Pierre Léaud) est un Parisien bohème, intello et désœuvré. Il vit avec Marie (Bernadette Lafont), la « maman », qui tient un magasin de vêtements. Au café des *Deux Magots*, il fait la rencontre de Veronika (Françoise Lebrun), la « putain », infirmière. Il entame une liaison avec cette dernière sans rien cacher à la première. Si les deux femmes font semblant d'accepter ce triangle amoureux, elles souffrent de l'irresponsabilité affective d'Alexandre.

Ce film de gens qui ne font pas grand-chose, tourné en noir et blanc à l'ère de la couleur, termine en quelque sorte la Nouvelle Vague en épuisant ses concepts (ville, sentiments, autofiction) et sa technique (son en prise directe, jeux avec le montage et le rythme). Les acteurs n'avaient pas le droit de changer un mot de dialogues très écrits. Pendant près de quatre heures, tout sonne donc faux et théâtral.

Mais cette tragédie grecque germanopratine n'en demeure pas moins fascinante. Les gens y sont montrés sans noblesse, et pourtant ils sont « beaux la nuit ». Dans cette réplique poétique, une idée normalement intemporelle (le Beau) est associée à un élément conjoncturel (la nuit). Ce paradoxe traduit l'impossible choix d'Alexandre : « Elle était belle comme le jour. Mais j'aimais les femmes belles comme la nuit. »

Réalisation : Jean Eustache
Scénario : Jean Eustache

Libertaire sans être révolutionnaire, ce film traduit les espoirs déçus de Mai 1968. Il est inspiré de la vie d'Eustache et de sa rupture avec Françoise Lebrun. Grand prix à Cannes en 1973, la pellicule de ce chef-d'œuvre maudit circule longtemps dans une version de mauvaise qualité, avant d'être restaurée en 2022, nous permettant de voir que ces gens qui se baladent sur les boulevards sont très beaux, de nuit comme de jour.

Le mot de Patrice Leconte

Je n'aime pas trop tourner la nuit. Tout est plus long, plus compliqué. Et, souvent, il fait froid. La fatigue vous envahit plus vite, parce que vous manquez de sommeil (on ne récupère pas les nuits de tournage en dormant le jour). Et puis vous êtes tendu parce que vous redoutez le moment où le soleil va se lever, alors que vous n'avez pas fini de tourner tous les plans que vous aviez prévus. Bref, je n'aime pas trop tourner la nuit.
Et pourtant, « les gens sont beaux la nuit ». Je passe donc à côté de beautés nocturnes, que l'alcool, parfois, a su rendre magiques, ou que la fatigue rend sincères, vulnérables, que sais-je...
Il faudra qu'un jour je n'appréhende plus les tournages de nuit, pour enfin redécouvrir, comme Eustache, d'autres beautés des gens.

“Couine comme un porc !”

“Squeal like a pig!”

Quatre Américains descendent une rivière de Géorgie menacée par la construction d'un barrage. Cette expédition est autant un retour à la nature qu'une expérience viriliste pour des urbains en mal de sensations. Mais le week-end tourne au drame lorsque l'un d'eux, Bobby (Ned Beatty), est brutalement violé par un *redneck* édenté.

Si le duel au banjo a fait la célébrité de ce *survival* sauvage, la scène de l'agression est tout aussi marquante. Filmée en focale longue, elle alterne les plans larges puis les gros plans sur les visages de la victime et de son agresseur. Le spectateur est ainsi placé dans la position du témoin impuissant. La réplique, accompagnée des fameux couinements, souligne ce dispositif avec violence. Bobby est animalisé par le son – il doit couiner comme un porc – mais aussi par l'image, à quatre pattes dans les feuilles, comme un sanglier apeuré.

Ce parti pris réaliste est une intention du réalisateur, qui souhaitait filmer de manière inédite un viol masculin, au grand dam des producteurs et de Ned Beatty, dont c'était le premier rôle. L'objectif est simple : malmener le public attiré par la proposition initiale du film (une aventure entre hommes) pour mieux le confronter à la culture du viol et à ses conséquences sur les femmes. La honte s'installe dans le groupe et fait sourdre une vengeance sanglante.

Deliverance
Réalisation : John Boorman
Scénario : James Dickey
D'après le roman éponyme de : James Dickey, 1970

Délivrance se distingue en cela des *Chiens de paille* (Sam Peckinpah, 1971) et d'*Orange mécanique* (Stanley Kubrick, 1971) qui mettent également en scène des viols brutaux, mais sans pour autant se départir d'un point de vue masculin presque complaisant. Les trois films conservent en commun l'ambition de montrer de manière crue la sauvagerie qui se cache derrière le vernis de la civilisation, et dans chaque homme le cochon qui s'en déduit.

“La seule vraie anarchie, c’est celle du pouvoir”

“La sola vera anarchia è quella del potere”

Un si joli paradoxe pour contenir toute la laideur du monde. Alors que ceux qui gouvernent ou exercent une autorité se targuent d’être les garants d’un ordre social et politique volontiers traditionnel, leur pouvoir leur offre pourtant la possibilité de faire absolument tout ce qu’ils veulent. Il en résulte une domination arbitraire des individus, marchandises exploitées au profit des puissants.

Salò o le centoventi giornate di Sodoma
Réalisation : Pier Paolo Pasolini
Scénario : Pier Paolo Pasolini, sur une idée de Sergio Citti et Pupi Avati
Inspiré par : *Les 120 Journées de Sodome* du marquis de Sade, 1785

Le dernier film de Pier Paolo Pasolini reprend l'œuvre du marquis de Sade, mais dans le contexte de la république de Salò, éphémère régime fasciste créé au nord de l'Italie en 1943-1945. Quatre dignitaires – le Duc, l'Évêque, le Juge et le Président – séquestrent des jeunes gens dans une villa pour leur faire subir des sévices toujours plus atroces. La réplique est prononcée par le Duc alors qu'il assiste à la masturbation forcée de deux captifs. L'ordre n'est ainsi que le cache-sexe de l'obscénité. Les notables en costumes observent à distance leurs victimes en s'écoutant parler. Cette opposition visuelle entre ceux qui ont le pouvoir et ceux qui le subissent traverse un film où les individus sont réduits à de la chair que l'on maltraite à l'envi (« Ce cul est le plus beau de la villa », dit-on avant de torturer).

Dans les différents cercles de cet enfer, les viols, la coprophagie et les meurtres sont filmés sans érotisation ni hors-champ. Ici et là, quelques éclairs lumineux de tendresse rapidement étouffés par les bourreaux. La crudité des scènes est autant frontale que mise à distance par la caméra. Pasolini nous invite à questionner notre propre voyeurisme de spectateur. Le succès de *Squid Games* (2021), la série coréenne qui met en scène une compétition mortelle de personnes endettées pour divertir une élite mondialisée mais aussi les spectateurs, montre que rien n'a vraiment changé à l'heure de la consommation de masse.

“Et mamie Tromblon ?! Elle s’est déjà fait tromblonner, mamie Tromblon ?”

En 1992, le Festival de Cannes est bousculé par un faux-cumentaire réalisé par trois amateurs belges. Ce film fauché de fin d'études fait scandale : une équipe de télévision accompagne Ben (Benoît Poelvoorde), un tueur professionnel, dans une série de meurtres sordides qui n'épargnent personne, ni les femmes ni les enfants, et encore moins le bon goût.

Ben est de tous les plans : il dirige la caméra, pérore avec érudition sur tout, et signe ses crimes d'humour noir. C'est par exemple en hurlant des propos outranciers qu'il assassine une grand-mère : « Et mamie Tromblon ? Elle s'est déjà fait tromblonner, mamie Tromblon ? » Les mots provoquent sa crise cardiaque. La réplique montre ainsi la toute-puissance de Ben qui s'octroie droit de vie et de mort sur sa victime, en se permettant même de la renommer. Le jeu de mots autour du *tromblon*, qui associe l'acte sexuel (*tromblonner*) à la mort (*une arme à feu au canon évasé*), concentre aussi toute la perversité du dispositif : l'exécution gratuite d'une grand-mère devient un gros gag devant lequel le spectateur se bidonne malgré l'évidente obscénité de la scène.

C'est arrivé près de chez vous ! • 1992

Réalisation : Rémy Belvaux, André Bonzel et Benoît Poelvoorde
Scénario : Rémy Belvaux, André Bonzel et Benoît Poelvoorde

La mise en scène s'inspire de l'émission belge *Strip-tease*, dont les reportages filment la vie quotidienne de gens ordinaires sans commentaires. En appliquant ce principe à un tueur en série, le film radicalise le voyeurisme. Les images sont subjectives, ce qui n'est pas sans rappeler le *found-footage* (genre qui présente une fiction comme un enregistrement authentique), quelques années avant *Le Projet Blair-Witch* (1999). Le spectateur se trouve ainsi piégé entre le point de vue du personnage principal et des scènes de moins en moins supportables. Il a les mains sales, avons-nous la nausée ?

“— Tout cela est ridicule. — Tout cela, Madame, c’est Versailles”

“- This is ridiculous.
- This, Madame, is Versailles”

Lorsque Sofia Coppola présente *Marie-Antoinette* à Cannes en 2006, l’accueil est aussi glacial que sur la place de Grève en 1793. On reproche à la réalisatrice sa légèreté, les anachronismes musicaux et visuels, qui seraient le symptôme d’une myopie historique. Pourtant, Barbie-Antoinette ne se réduit pas à ses Converse filmées au milieu des escarpins.

Jeune femme arrachée à son Autriche natale pour être mariée à un inconnu, la Dauphine (Kirsten Dunst) est réduite à un corps voué à procréer. Dès son réveil, le rituel se répète. Elle attend que la courtisane de plus haut rang ait le privilège de la vêtir. Son inconfort se prolonge puisque des mondaines toujours plus titrées se succèdent alors qu’elle attend nue dans le froid. En la qualifiant de « ridicule », Marie-Antoinette met donc à distance cette théâtralité obscène qui prête à rire. La réponse de la comtesse change la perspective : la même formule démonstrative - « Tout cela » - désigne désormais Versailles. La superficialité constitue l’essence même de la culture de cour.

Réalisation : Sofia Coppola
Scénario : Sofia Coppola
D'après le livre de : Antonia Fraser,
Marie-Antoinette: The Journey, 2001

Dès lors, pour survivre dans cet environnement, Marie-Antoinette n'a d'autre choix que d'en intégrer les codes. Elle peut aussi les subvertir en multipliant les tenues extravagantes dans des fêtes somptueuses qui habillent à la feuille d'or sa royale prison. Aveuglée devant la colère qui gronde, la jeune reine utilise à nouveau le terme *ridicule* pour mépriser les rumeurs populaires. Un décalage tout à fait actuel entre une élite privilégiée et une réalité sociale inégalitaire. Au milieu, l'itinéraire d'une enfant pas si gâtée.

“I sell shit”

“Je vends de la merde”

Voilà qui a le mérite d’être honnête. La réplique est prononcée par Zlatko Burić, acteur fétiche du réalisateur danois Nicolas Winding Refn (*Drive*, 2011 ; *Only God Forgives*, 2013), dans le rôle d’un homme d’affaires russe confit par l’ennui d’une croisière de luxe. Quand un couple d’influenceurs en goguette (la regrettée Charlbi Dean et Harris Dickinson) lui demande ce qu’il fait dans la vie, il assume sans ciller la mauvaise qualité de ses engrais qui polluent les sols et les corps : « *I sell shit* » (« Je vends de la merde »). Du pur cynisme : ce qui devrait provoquer la honte devient un motif d’indifférence, voire de fierté historique. Grâce à la dislocation de l’URSS, il est devenu roi d’un tas de fumier.

Ce capitaliste décomplexé n’est que l’avatar du marché qui lui permet de s’engraisser sur le dos des autres. En cela, il n’est guère différent des deux jeunes mannequins qui multiplient les selfies pour mieux vendre leur image. Pour souligner ce rapprochement, Ruben Östlund (deux Palmes d’or à Cannes) charge la barque jusqu’à la nausée – littéralement – en faisant subir à tous ces nouveaux riches une fin de repas chahutée par le roulis de la tempête : rarement autant de vomi et de matière fécale n’auront été déversés sur grand écran. Ils ne vendent pas que de la merde, ils en produisent à grands frais.

Triangle of Sadness
Réalisation : Ruben Östlund
Scénario : Ruben Östlund

La réplique, comme le film, est une critique féroce de tout un système économique. Le récit dépeint trois tableaux qui explorent tour à tour le pouvoir de l'image, celui de l'argent avant de renverser l'ordre social dans une *Île des esclaves* (Marivaux, 1725) revisitée. L'homme d'affaires reprend sa réplique un peu plus tard dans un débat aviné avec le capitaine crypto-communiste du navire (Woody Harrelson). L'allitération suintante, à laquelle la traduction française ne rend pas justice, devient un véritable slogan politique. Pouvoir et argent se rejoignent dans la défaite d'une pensée qui coule comme ce bateau ivre. La croisière ne s'amuse plus.

Le mot de Patrice Leconte

Un jour, il y a pas mal d'années, j'avais rendez-vous avec un producteur (dont je tairai le nom, il est encore de ce monde) qui voulait me produire un film. Je m'y rends, n'ayant aucune idée particulière, ni de ce que je pouvais lui proposer, ni de ce qu'il avait à m'offrir. Je patiente quelques minutes, j'entre dans son bureau, il me serre la main chaleureusement, un type plutôt sympathique. Retourné derrière son bureau, il allume une cigarette et dit : « Je vends de la merde. »
Je ne me suis jamais pris pour la reine d'Angleterre ou pour Orson Welles, mais je me suis senti, en deux secondes, complètement humilié. Parce que ce producteur, ce vendeur de merde, pensait que j'allais l'accompagner sereinement dans son commerce foireux.
Comment prendre mes jambes à mon cou sans être impoli ?
Un jour, Jean Rochefort, se souvenant de ses débuts incertains, m'avait dit, comme pour calmer mon impatience : « Il est long, le chemin. »

“Rosebud”

Le premier mot de cette œuvre majeure, « *Rosebud* » ou « bouton de rose », est aussi le dernier du magnat de la presse Charles F. Kane (Orson Welles), dont le film retrace le parcours jusqu'au soir de sa vie, qu'un reporter reconstitue à l'aide des proches du défunt.

Mais ce point de départ intrigant est un leurre. « *Rosebud* » est prononcé par Kane sur son lit de mort sans que personne n'ait pu l'entendre, si ce n'est le spectateur, aux premières loges de son agonie. Pourtant, le mot sert paradoxalement de prétexte au récit ; c'est celui dont tout le monde parle et sur lequel enquête le journaliste. Soit l'un des premiers *MacGuffin* de l'Histoire, c'est-à-dire un élément moteur du scénario, dont la vraisemblance importe peu tant qu'il fait avancer le récit. Le mystère engage le spectateur jusqu'à la révélation finale qui éclaire sa compréhension du personnage.

Réalisation : Orson Welles
Scénario : Orson Welles et Herman J. Mankiewicz

Il se dit que le scénariste Herman Mankiewicz - dont la relation conflictuelle avec Welles a été filmée par David Fincher dans *Mank* (2020) - se serait inspiré d'un vélo de son enfance pour imaginer « *Rosebud* », à moins que ce ne soit une référence érotique à la maîtresse de William R. Hearst, duquel le personnage principal est inspiré. Peu importe finalement la nature de ce « bouton de rose » si cher au citoyen Kane. C'est d'abord l'expression mélancolique de ce qui manque cruellement et que le poids des années relègue au placard.

En tête des classements des meilleurs films de l'Histoire, *Citizen Kane* est un stupéfiant laboratoire qui pose les bases d'un langage visuel moderne : chronologie éclatée de *flashbacks*, jeu virtuose sur les échelles de plans (plongées et contre-plongées) ou encore utilisation innovante de la profondeur de champ. L'influence de *Citizen Kane* est considérable : est-il possible, au cinéma comme ailleurs, de s'affranchir de la grammaire ?

Le mot de Patrice Leconte

« *Rosebud* » n'est pas une réplique, c'est un souvenir, une énigme, un mystère, une luge, des flocons, un feu qui s'embrase, des lettres qui s'effacent, la proie des flammes, les regrets, les objets auxquels on s'attache, une rêverie impossible, une demeure trop vaste, un étrange mal de vivre, l'enfance...
Il y a tout cela dans ce seul mot.
Et c'est pour cela (entre autres) que ce film est un chef-d'œuvre.

“Sa foi était plus forte que la mienne”

“Vars tro var starkare än hans”

Agnès (Harriet Andersson) agonise dans le manoir familial. Ses deux sœurs, Karin (Ingrid Thulin) et Maria (Liv Ullmann), l'accompagnent. Mais seule la gouvernante, Anna (Kari Sylwan), la soigne et l'aime vraiment, lui vouant une adoration presque charnelle. La lente déliquescence des liens familiaux est filmée dans l'ambiance austère et intime d'un huis clos bourgeois. C'est un portrait violent et d'une infinie densité de la psychologie humaine.

Il y a peu de dialogues, mais surtout des cris ou des chuchotements, comme annoncé dès le titre. Le contraste est donc saisissant quand le pasteur Isak (Anders Ek) prend longuement la parole pour faire l'éloge funèbre d'Agnès. Son aveu d'échec et d'humilité désarçonne : l'usage de la première personne (« la mienne ») est-il acceptable lorsque l'on rend hommage à l'autre ? Ce genre d'aveu est-il tolérable de la part d'un ministre spirituel ? Son discours renforce le sentiment de déréliction qui traverse le film.

Viskningar och rop
Réalisation : Ingmar Bergman
Scénario : Ingmar Bergman

Ce pasteur trop humain tranche avec celui, tyrannique, qui servira de père adoptif aux jeunes *Fanny et Alexandre* (1982). D'ailleurs, on retrouve un certain nombre de motifs « bergmaniens » dans le film : regards caméra, gros plans sur les visages, dialogues à 90 degrés, musique classique, omniprésence du rouge (des murs aux meubles, en passant par les fondus enchaînés), sans oublier la troupe d'acteurs fidèles au Suédois. La photographie du film transforme certaines scènes en tableaux classiques. Ce film très exigeant nous parle du temps, de la mort et même des rapports entre classes sociales, à travers le personnage central de la gouvernante. Elle symbolise la rédemption par la charité discrète. Le Christ dans les chuchotements.

“Nous n’avons pas besoin d’autres mondes. Nous avons besoin d’un miroir”

“Нам не нужно других миров, нам нужно зеркало”

Cette affirmation pourrait surprendre dans un film de science-fiction dont le point de départ est justement la découverte d’un monde inconnu. Les effets mystérieux de la planète-océan protoplasmique Solaris sur les scientifiques d’une station spatiale inquiètent. Le psychiatre Kris Kelvin (Donatas Banionis) est envoyé à bord pour enquêter. Lorsqu’il voit apparaître sa femme qui s’est récemment donné la mort, il croit sombrer à son tour dans la folie avant de comprendre qu’il ne s’agit pas d’une hallucination. Solaris donne vie aux souvenirs.

Conçue comme une réponse soviétique à la sortie du *2001, l’Odyssée de l’espace* de Stanley Kubrick (1968), en pleine guerre froide, cette commande au cinéaste Andreï Tarkovski est un objet cinématographique fuyant. L’auteur du livre original – Stanislas Lem – n’a pas caché sa déception à sa sortie et Andreï Tarkovski lui-même estime que c’est son film le moins réussi. Il explique son malaise devant les codes d’un genre qui, fondamentalement, ne l’intéresse pas. Dès lors, avec sa longue introduction terrestre, avec son discours anti-scientiste et les détours du récit, l’œuvre semble en permanence vouloir s’échapper de la fiction technique dans laquelle elle s’inscrit.

Солярис
Réalisation : Andreï Tarkovski
Scénario : Andreï Tarkovski et Friedrich Gorenstein
D'après le roman de : Stanislas Lem, *Solaris*, 1961

La réplique – déjà présente dans le livre de Lem – contient ce paradoxe. Le scientifique Snaut (Jüri Järvet) qui la prononce exprime l'impuissance de la science devant des mystères qui la dépassent. Plus encore, il remet l'humain à sa juste place en douchant l'orgueil de celui qui pense être un conquérant au cœur de l'univers, mais qui n'est, au fond, qu'en recherche de son propre reflet. « L'homme a besoin de l'homme », ajoute-t-il, et se leurre lorsqu'il croit se saisir d'une altérité qui, *in fine*, lui échappe.

Sur cette planète aquatique où la mémoire revient à la surface, Tarkovski nous ramène à ces herbes bercées par le courant d'une eau pure : la tendresse d'une étreinte, la douceur d'un jardin, la paix d'une *datcha*.

“Personne ne le sait, mais j’ai honte devant tout le monde, même devant les arbres”

Les derniers mots de César Soubeyran (Yves Montand) à Manon (Emmanuelle Béart) forment la conclusion déchirante du diptyque adapté de Marcel Pagnol par Claude Berri, *Jean de Florette* (I) et *Manon des sources* (II). Il s’agit d’une lettre, que la voix off fait résonner avec gravité alors que la caméra parcourt le mobilier de la chambre dans laquelle César s’apprête à mourir.

Ces mots n’ont jamais été dits de vive voix. Et pour cause : César, « le Papet », est responsable du décès du père de Manon, le bossu Jean de Florette (Gérard Depardieu). Pour lui faire fuir les collines de Provence, le Papet a conspiré avec Ugolin (Daniel Auteuil) en bouchant la source du mas des Romarins. Le bossu meurt accidentellement en essayant de trouver de l’eau pour sa ferme. Dix ans plus tard, Manon se venge en bouchant la source du village, obligeant les habitants à sortir de la loi du silence. Ugolin, qui l’« aime d’amour », se suicide, terrassé par la culpabilité. César reste droit dans ses bottes jusqu’à ce qu’il apprenne l’existence de son fils illégitime, « né vivant… mais bossu ».

Réalisation : Claude Berri
Scénario : Gérard Brach
D'après le film éponyme de : Marcel Pagnol, 1952
(adapté par la suite en roman en 1963)

La question de l'héritage de la dynastie Soubeyran nourrit toute la tragédie du récit. Le Papet et Ugolin, par cupidité, par fierté autant que par bêtise, se sont coupés de leur propre arbre généalogique. Alors qu'Ugolin se détruit à grand renfort de déclarations enflammées, le Papet s'enferme dans une intériorité coupable. Comment exprimer une honte aussi profonde que celle d'avoir tué son propre fils et contribué au malheur de son sang ? Cette expression si joliment paradoxale permet de mesurer l'intensité du déchirement. Ressentir de la honte « même devant les arbres », c'est, pour un paysan, le châtiment suprême : déraciné de sa propre terre, de la nature qui l'entoure et de son indifférence souveraine, il ne lui reste qu'à accueillir la mort dans la solitude. « La honte est le sentiment qui sauvera l'humanité », entendait-on déjà chez Tarkovski (*Solaris*, 1972).

“La voix que vous entendez ne sort pas de ma bouche, c’est ma voix intérieure”

“The voice you hear is not my speaking voice, but my mind’s voice”

Au sens classique – en particulier au théâtre –, une réplique se donne à voix haute dans un dialogue. Elle est souvent une réponse à une question ou s’inscrit dans un discours ; elle constitue la matière d’un rôle. Au cinéma, une réplique n’a pas forcément besoin de dialogue et même, apparemment, d’être prononcée. Cette acception élargie de la notion permet de donner la parole à ceux qui ne l’ont pas : par exemple, une femme muette du XIXe siècle dans *La Leçon de piano* de Jane Campion.

Ada (Holy Hunter) ne parle plus pour des raisons mystérieuses. Elle s’exprime à travers son piano, comme un prolongement musical de son esprit. Ce mutisme est celui d’une femme qui ne maîtrise pas son destin dans une société patriarcale où la parole féminine n’est pas désirée. Exilée en Nouvelle-Zélande pour être mariée contre son gré à un inconnu (Sam Neill), le silence qui l’habite est en réalité celui qu’on lui impose depuis l’enfance. Elle est sans voix, au sens propre comme au figuré. Dès lors, Ada emprunte d’autres voies pour s’exprimer, comme des chemins de traverse vers l’émancipation : la musique, par un attachement viscéral à son piano, le désir amoureux au mépris des conventions, et, bien sûr, cette voix – off – qui nous convie, nous, spectateurs, dans l’intimité de son âme.

La Leçon de piano • 1993

The Piano
Réalisation : Jane Campion
Scénario : Jane Campion
D'après le roman de : Jane Mander,
The Story of a New Zealand River, 1920

Sa voix intérieure ouvre le film alors que la caméra est voilée par des mains, épousant le point de vue de l'héroïne qui se cache les yeux. La réplique, comme la caméra, dévoile donc ce que la société étouffe. Elle rend visible ce qui est invisibilisé. Choisir le silence, c'est choisir la voie de l'esprit contre celle du corps. Créer plutôt que d'être assignée à procréer. Un propos tout à fait politique pour la première femme cinéaste à remporter une Palme d'or.

Le mot de Patrice Leconte

J'adore ce film. Je l'ai vu je ne sais combien de fois. Et les émotions, à chaque fois, restent intactes. Le plus fort, dans cette réplique, c'est qu'elle est dite par une femme dont on apprendra ensuite qu'elle est muette. Il y a là un incroyable vertige que seul le cinéma peut nous procurer.

“au printemps...”

Au clair de lune, un homme tranche l’œil d’une femme au rasoir. Puis un autre voit des fourmis sortir de sa main. Sans oublier qu’il faut tracter deux pianos à queue avec des ânes morts à l’intérieur. Un accident de voiture. Un homme androgyne qui tombe à vélo. Un appartement. La campagne. La mer.

Dans *Un chien andalou*, les scènes se succèdent sans logique, sans se ressembler. Le seul lien est un appartement parisien et un couple de personnages, un homme (Pierre Batcheff) et une femme (Simone Mareuil), dans des rôles différents. On a l’impression que plusieurs histoires se déroulent en parallèle, mais le réalisateur joue à nous perdre. Par ce court métrage muet sans queue ni tête, Buñuel s’inscrit dans l’avant-garde surréaliste. Il faut dire qu’il est bien aidé par son ami et coscénariste Salvador Dalí. Le film serait un mélange des rêveries des deux artistes. L’absurde se traduit par le dédoublement des personnages, le gore (la scène de l’œil tranché fait toujours aussi froid dans le dos presque un siècle après), la narration brisée, les plans au ralenti ou les scènes floues. La musique est une alternance de tango argentin et du *Tristan et Isolde* de Wagner. Pourquoi diable ?

Réalisation : Luis Buñuel
Scénario : Luis Buñuel et Salvador Dalí

Suivant les préceptes du *Manifeste du surréalisme* d'André Breton (1925), Buñuel mélange onirisme et réalité. Il se refuse à expliquer son œuvre, qui se termine par l'intertitre énigmatique « au printemps… » et l'image d'un couple heureux inanimé à moitié enterré dans le sable et recouvert d'insectes. Quel est le rapport avec le printemps ? Faut-il comprendre que la naissance ne va pas sans la mort d'autre chose ? Les bourgeons donnent naissance à des fleurs maladives baudelairiennes sous haschisch. Rien n'a vraiment de sens. Ce n'est pas de l'andalou, mais du charabia !

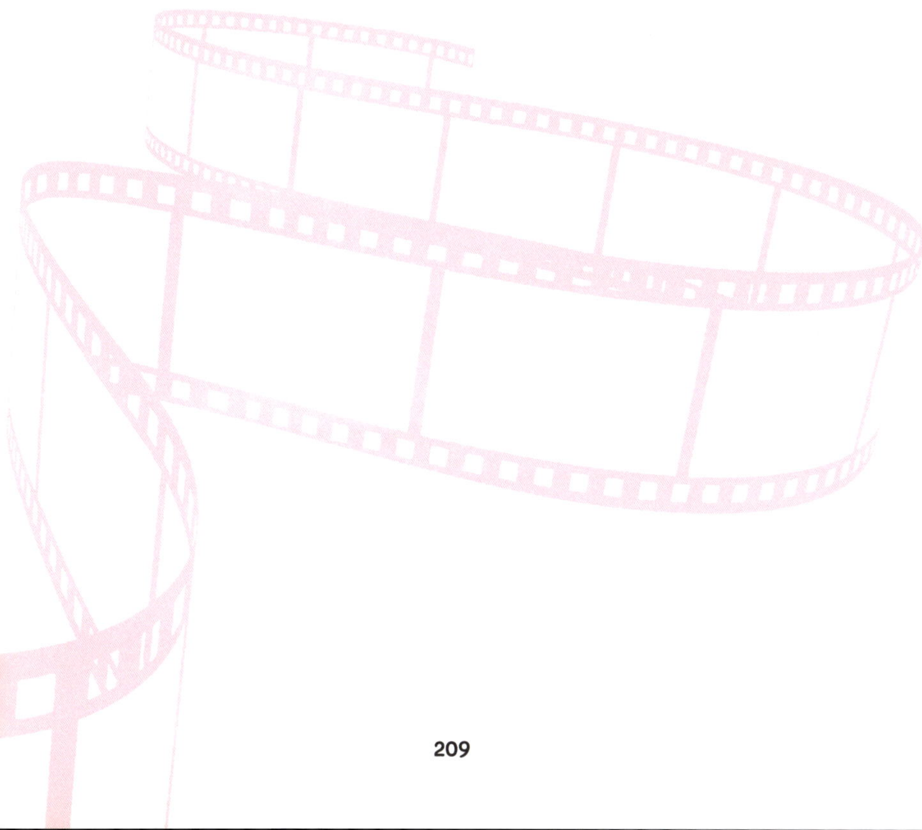

“Je croyais qu’à mon réveil, ça serait différent”

“I thought when I woke up... I thought sleep would do it”

Après un accident de voiture de nuit sur Mulholland Drive, dans les hauteurs de Los Angeles, Rita (Laura Harring) devient amnésique. Est-ce une tentative d’assassinat ? Dans sa fuite, elle rencontre Betty (Naomi Watts), jeune actrice en quête de célébrité. Entre le rêve et le cauchemar, les deux femmes entament une liaison et cherchent des réponses.

« C’est marrant, c’est comme dans les vieux films policiers », dit l’une des deux femmes. Il est vrai que l’hommage au film noir est assez clair, de même que le pastiche d’une *success story* américaine d’une jeune actrice qui veut faire carrière à Hollywood. Après la virée nocturne des deux femmes au Silencio, salle de spectacle hallucinée où un homme affirme que « tout est illusion », le récit bascule pour se briser complètement. Le rêve d’une vie de star vire un cauchemar. Les âmes sœurs deviennent sœurs de haine. Les objets et les lieux déjà vus changent de sens.

Mulholland Drive • 2001

Réalisation : David Lynch
Scénario : David Lynch

« Je croyais qu'à mon réveil, ça serait différent », lance Rita, qui souffre d'amnésie. C'est en fait toute la première partie du film qui est un rêve. Seule la fin sera réelle. Tout n'est donc qu'un vaste spectacle d'illusions. La confusion est totale.

Le film est à l'origine un épisode pilote de série refusé, bricolé en long métrage facétieux par Lynch. William Mulholland, qui donne son nom à la rue, est une personnalité ambiguë : cet ingénieur a permis à Los Angeles de croître, en asséchant le lac Owens dans la vallée voisine. Bâtisseur et écocidaire. *Jekyll and Hyde*. Un choix éloquent pour ce film interlope aux personnages dédoublés et à la narration onirique.

> « Une route, c'est une avancée vers l'inconnu, affirme le cinéaste. C'est aussi une définition du cinéma, les lumières s'éteignent, le rideau s'ouvre et on est parti sans savoir où on va. »

“Le homard est un excellent choix”

“A lobster is an excellent choice”

Il ne reste plus que quelques jours à David (Colin Farrell) pour trouver une partenaire. Dans un futur proche dystopique, les célibataires sont en effet conduits dans un « Hôtel » un peu particulier, où ils ont 45 jours pour trouver l'âme sœur, sous peine d'être transformés chacun en l'animal de leur choix. David décide de fuir et se cache avec d'autres célibataires dans la forêt, où il rencontre « la femme myope » (Rachel Weisz). Mais leur contre-société est elle aussi autoritaire, car l'amour y est interdit.

Réalisation : Yórgos Lánthimos
Scénario : Yórgos Lánthimos et Efthýmis Filíppou

Tout est absurde dans *The Lobster*. Jusqu'au choix de l'animal retenu par le héros pour sa transformation : un homard (*lobster, in english*), « car les homards vivent près de cent ans » et qu'ils ont « le sang bleu, comme les aristocrates ». Tout cela est faux, bien entendu. La directrice de l'hôtel (Olivia Colman) lui répond alors que cela serait « un excellent choix », à la manière d'un serveur obséquieux de grand restaurant. Mais ce n'est pas pour manger, c'est pour vivre le restant de ses jours. Il va de soi que personne, ni ici ni dans aucun univers parallèle, ne pourrait souhaiter devenir un homard.

Cette fable est une satire postmoderne de la vie conjugale imposée. Yórgos Lánthimos invente un système orwellien à la sauce Tinder, emprunte du surréalisme à Buñuel, impose à Colin Farrell une allure mécanique et émulsionne le tout dans un conte cruel aux images carcérales. Parfois démonstratif dans le film, le refus du bonheur contraint des publicités est aussi un propos sur le conformisme. Car le sage ne connaît pas l'anxiété de la solitude, qui n'est finalement qu'une peur de son propre reflet. Faudrait-il apprendre à se regarder dans une casserole d'eau bouillante ?

« Je promets de ne plus jamais porter de blouson »

Le daim est un mammifère ruminant ongulé de la famille des cervidés. C'est surtout un cuir suédé qui donne « un style de malade » à celui qui le porte. Ainsi, Georges (Jean Dujardin), vieux daim s'il en est, trompe sa solitude dans un village de montagne en chinant l'ultime panoplie 100 % daim, de la veste aux gants. Cette obsession lui fait flamber toutes ses économies et sa santé mentale, alors que son nouveau blouson devient son confident, comme un double maléfique.

Car Georges a un rêve : être le seul à porter un blouson. Il faut donc convaincre ses semblables de renoncer définitivement à leurs vestes, de gré ou de force. Le film s'ouvre ainsi sur cette réplique solennelle que Georges fait réciter à des inconnus : « Je promets de ne plus jamais porter de blouson. » Il y a dans ce serment un amusant paradoxe : d'un côté, l'expression d'un engagement total, comme un vœu religieux ; de l'autre, une résolution tout à fait farfelue. Ce décalage pourrait juste servir de gag absurde, mais il dévoile toute l'inquiétante étrangeté du scénario. Un objet du quotidien devient une menace palpable. Dans *Rubber* (2010), c'était un pneu. Ici, c'est une veste en daim qui vous regarde de travers et vous avez intérêt à courir vite.

Réalisation : Quentin Dupieux
Scénario : Quentin Dupieux

Ce fétichisme est d'autant plus perturbant que Georges s'improvise cinéaste. Avec l'appui de Denise (Adèle Haenel), une serveuse cinéphile qui a remonté *Pulp Fiction* à l'endroit, il filme au caméscope sa croisade meurtrière contre tous ceux qui refusent de retourner leur veste. Avatar mégalomane du réalisateur, il impose ses répliques aux figurants, engueule sa productrice et bricole les images comme sur un premier film. L'habit ne fait peut-être pas le moine, mais le daim sait faire son cinéma.

“On pense qu’on contrôle tout mais on ne contrôle rien”

Le haut-commissaire de la République française en Nouvelle-Calédonie, De Roller (Benoît Magimel) pense qu'il contrôle tout de son petit monde insulaire. Dans son costume crème, ce haut-fonctionnaire débonnaire les connaît tous, du patron de boîte de nuit jusqu'aux révolutionnaires indépendantistes. Il donne de sa personne pour serrer autant de mains que possible et ne rechigne pas à proposer ses services. Mais une rumeur bruisse dans l'archipel du Pacifique. Que vient faire la Marine nationale à Tahiti ? Est-il vrai, comme on le dit, que la France veut reprendre ses essais nucléaires, dont le traumatisme est encore vivace chez les Polynésiens ?

La rumeur devient assourdissante pour l'affable représentant de l'État, jusqu'à cet aveu de faiblesse : « [...] On ne contrôle rien. » Cette réplique est celle d'un homme qui remplace peu à peu ses réceptions culturelles et événements officiels par une petite enquête qui le conduit à la limite de la paranoïa. Si celui qui est censé contrôler ne contrôle pas, quelle force invisible maîtrise notre destin ? Où est le véritable pouvoir ?

Réalisation : Albert Serra
Scénario : Albert Serra

La musique techno, les néons dans la nuit et les scènes qui s'étirent avec une succession de plans énigmatiques et sensuels plongent le spectateur dans une forme de transe. Nous finissons par nous interroger nous aussi sur la réalité de ce que nous voyons. C'est un film de l'attente. *Le Désert des Tartares* (Dino Buzzati, 1940) en plus affable. Un *Rivage des Syrtes* (Julien Gracq, 1951) dont l'ennemi est intérieur et les palais remplacés par une discothèque, avec son employée transgenre aux intrigues nocturnes pathétiques.

Comment De Roller peut-il choisir un camp ? Dans la brume enivrante du complot, difficile de discerner le Pacifique de la fiction.

“Atmosphère, atmosphère, est-ce que j’ai une gueule d’atmosphère ?”

Un travelling enjambe le canal Saint-Martin, à une époque où l’on pouvait y pêcher. Dans l’ambiance ensoleillée d’un Paris encore populaire, Marcel Carné filme une querelle entre deux amants : Edmond (Louis Jouvet), maquereau, et Raymonde (Arletty), prostituée. Les deux fréquentent l’Hôtel du Nord, où ils croisent d’autres destins modestes de l’Est parisien des années 1930.

La réplique n’est que le point culminant d’une succession de traits d’esprit où les vacheries se piquent d’affection, où l’amour se dessine au creux de la discorde. « On se dispute, mais au lit, on s’explique ; et sur l’oreiller, on se comprend », affirme ainsi Raymonde à son souteneur qui se plaint d’asphyxie avec un sens certain de la métaphore : « J’ai besoin de changer d’atmosphère et mon atmosphère c’est toi. » Un terme sans doute trop élaboré pour une fille du peuple qui ne saisit pas directement l’analogie et répète naïvement cinq fois le mot avec la gouaille qui la caractérise. Le langage les sépare et pourtant la tirade rééquilibre cette relation dysfonctionnelle : par son jeu et par son expression si parisienne, Arletty domine la scène en tempêtant avec panache sa fierté retrouvée.

Réalisation : Marcel Carné
Scénario : Jean Aurenche et Henri Jeanson

Privé de Prévert, Marcel Carné a fait appel à Henri Jeanson pour l'écriture des dialogues. Alors que le film aurait dû valoriser l'actrice internationale Annabella, c'est Arletty qui lui vole la vedette avec « ce rôle épisodique », « ce contrat de six jours » qui vaut « les 1 500 lignes de Cyrano » aurait-elle dit, d'après Claudine Brécourt-Villars (*Les Mots d'Arletty*, 1988). Ce mot en particulier, *atmosphère*, « le même dans toutes les langues », « une trouvaille de poète », qui ne se réduit pas à de l'argot, car « l'argot se démode ». « Ce sont des images », continue l'actrice, « une partition », une réplique si naturellement *gueulée* qu'on la dirait chantée.

Le mot de Patrice Leconte

Cette petite phrase avait sans doute déjà une certaine allure sur le papier. Mais elle prend sa véritable dimension quand on entend Arletty la dire à Louis Jouvet alors qu'ils enjambent le canal Saint-Martin (lequel fut entièrement reconstitué aux studios de Billancourt - mazette, c'était le bon temps du cinéma). La voix gouailleuse d'Arletty, reconnaissable entre mille, épingle pour toujours ces quelques mots dans notre mémoire.
On doit cette réplique à Henri Jeanson et Jean Aurenche qui, il est vrai, s'y sont mis à deux pour l'écrire. On ne saura jamais lequel a écrit le premier « atmosphère », ni, par définition, lequel a écrit le second.
Peu importe, l'essentiel étant que l'on n'oublie jamais la gueule d'atmosphère d'Arletty.

“— T’as d’beaux yeux, tu sais ? — Embrassez-moi ! ”

Jean (Jean Gabin), déserteur de l’armée coloniale, bat le pavé des docks brumeux du Havre, dans l’espoir de quitter la France. Il s’éprend de Nelly (Michèle Morgan), jeune femme menacée par son tuteur Zabel (Michel Simon). Au détour d’une fête foraine, dans un passage discret, ils s’embrassent dans une élégante convergence des solitudes.

La caméra est disposée de manière que, même filmés individuellement, les deux amants semblent toujours se regarder. Ce raccord des regards, soutenu par l’éclairage, met singulièrement en lumière les yeux de Michèle Morgan. Le dialogue aurait par ailleurs été modifié en plein tournage par Jacques Prévert pour valoriser l’actrice. Dans le scénario original, Jean Gabin devait complimenter les jambes de sa partenaire, selon un très classique regard masculin de bas en haut : « Tu as des jolies jambes, tu sais... »

Cette variation permet au personnage de Nelly de ne pas seulement être un objet de désir, mais le sujet véritable de la scène. Jean lui pose une question rhétorique que Nelly ignore dans une douce impertinence, préférant lui intimer l’ordre de l’embrasser. Jean la tutoie en mâchant grossièrement ses mots, elle continue de le vouvoyer. Elle ne cède au *tu* qu’une fois le baiser concédé.

Réalisation : Marcel Carné
Scénario : Jacques Prévert
D'après le roman éponyme de : Pierre Mac Orlan, 1927

Le rapport de force initial est perturbé : Jean Gabin l'écrase d'abord par sa présence physique et sa morgue, mais c'est Michèle Morgan qui maîtrise finalement, par son regard, le tempo de leur enlacement et le rythme de la scène. Ce n'est pas rien pour une actrice en début de carrière, faisant face à un partenaire de jeu aussi imposant qui aurait dit en amont du tournage : « Je suis sûr que cette môme ne sait pas embrasser. » Il n'avait sans doute pas prévu qu'elle savait si bien regarder.

Le mot de Patrice Leconte

Ce film est en noir et blanc, mais l'aplomb de Jean Gabin fait qu'on ne peut pas douter une seule seconde du fait que Michèle Morgan a de beaux yeux. L'élision argotique du « tu » et du « de » est indispensable à la réplique. Imagine-t-on Jean Gabin dire : « Tu as de beaux yeux, tu sais » ?
Quoi qu'il en soit, Michèle Morgan semble convaincue par le compliment...

“Frankly my dear, I don’t give a damn”

“Franchement, ma chère, c’est le cadet de mes soucis”

Scarlett O’Hara (Vivien Leigh) est une riche adolescente insouciante du sud des États-Unis. Depuis sa plantation, elle nourrit de grands rêves, mais prend de plein fouet la guerre de Sécession, qui la fera devenir adulte. Après quelques rebondissements matrimoniaux, elle épouse Rhett Butler (Clark Gable) et son emblématique moustache. Ce dernier est cynique, lucide et ambigu.

À la fin du film, Scarlett, éplorée, lui demande : « *Rhett, if you go, where shall I go, what shall I do?* » (« Rhett, si vous partez, où vais-je aller ? Que vais-je devenir ? »). Celui qui a été mené en bateau par l’égocentrique jeune fille vient en effet de la quitter. Il lui répond avec cette odieuse réplique qui traduit autant une colère flegmatique qu’un certain sexisme décomplexé. Il aurait pu dire « *I don’t care* » (« Je m’en fiche »), il a préféré « *I don’t give a damn* » (« Je n’en ai rien à foutre »), plus violent et méprisant. D’ailleurs, le mot *damn* a failli être retiré du script, jugé trop vulgaire par l’Amérique des années 1930 et son « code Hays » qui censurait alors Hollywood. Alors que l’anglais est familier, la version française (« c’est le cadet de mes soucis ») est curieusement soutenue.

Gone with the Wind
Réalisation : Victor Fleming
Scénario : Sidney Howard
D'après le roman éponyme de : Margaret Mitchell, 1936

Gone with the Wind, c'est aussi une idéalisation équivoque du Sud sécessionniste esclavagiste et raciste. C'est un éternel débat du 7e art : peut-on montrer les salauds sous un jour flatteur ? Aurait-on pu édulcorer sans déformer ? Rien n'obligeait à mettre en scène une image d'Épinal des Confédérés (déjà présente dans le roman). Mais mettre le Sud sur un piédestal dans la première partie permet de mieux montrer la chute de cette presque civilisation dans la seconde. C'est l'ambition du film : on peut la haïr, mais elle est réussie.

Ce film de producteur a participé à l'essor du Technicolor. Ses personnages, sa musique mélo-épique ou ses jeux de lumière en ont fait un classique indiscutable du drame historique. Le film se termine par l'optimisme de Scarlett, qui retourne sur ses terres : « *Tomorrow is another day* » (« Demain est un autre jour »), lance, résignée, celle qui peut s'offrir des lendemains qui chantent.

Le mot de Patrice Leconte

Cette réplique fait partie des antiquités (ce qui est assez normal, le film datant de 1939). La traduction serait : « Franchement, ma chérie, j'en ai rien à foutre. »
Peut-on imaginer de nos jours que dans un film un homme puisse dire ça à une femme, à sa femme ? Les dialoguistes modernes ont mille fois raison de s'abstenir, je détesterais qu'un type puisse s'exprimer ainsi, avec un tel mépris naturel. Tant pis pour Clark Gable, il n'avait qu'à refuser cette réplique. (Il paraît que, dans une récente version doublée du film, la phrase devait être remplacée par « Franchement, ma chérie, et malgré tout l'amour que j'ai pour vous, je pense que vous vous méprenez », mais cette proposition fut abandonnée, car c'était trop long.)

“Tu me tues. Tu me fais du bien”

L’amour et la mort ont l’amer pour partage, aurait-on pu dire en paraphrasant le poète baroque Pierre de Marbeuf (XVIIe siècle), à l’écoute de cette phrase si paradoxale de *Hiroshima, mon amour*, d’Alain Resnais. Sur un texte de Marguerite Duras, cette œuvre singulière évoque la romance entre une actrice française (Emmanuelle Riva) et un architecte japonais (Eiji Okada), dans une ville nippone encore meurtrie du souvenir atomique. D’un traumatisme à l’autre, le passé de l’héroïne, tondue à la Libération à Nevers, refait surface dans une narration aussi éclatée que les mémoires sont meurtries.

Réalisation : Alain Resnais
Scénario : Marguerite Duras

Car amours et morts sont mêlées dans le texte comme dans l'image. Le film s'ouvre sur des corps figés dans une poussière cataclysmique pour finalement apparaître enlacés dans la moiteur d'une passion ardente. Aux 10 000 degrés du feu nucléaire répond le brasier d'une passion qui consume ses amants autant qu'elle les reconstruit. Ce jeu antithétique, présent dès le titre, souligne les différences entre ces individus et leur mémoire, entre ces peuples et leur passé, pour mieux invoquer le lien paradoxal qui les unit. La forme même du film, entre le documentaire et la fiction, entre le mouvement du travelling et la fixité architecturale, entre le noir et le blanc, fait du contraste un motif esthétique à part entière.

La réplique, prononcée par Emmanuelle Riva dans un monologue en voix off, alors que les rues de la ville martyre défilent, sonne comme le refrain déchirant d'un amour déjà condamné. « Tu n'as rien vu à Hiroshima, rien », lui répète son amant, comme pour souligner l'impossible représentation de la catastrophe. « J'ai tout vu, tout », répond-elle non sans défi, par la vertu d'un poème et la grâce d'une caméra. Tu les filmes. Tu nous fais du bien.

Le mot de Patrice Leconte

J'avoue, à ma grande honte, ne pas me souvenir très bien de ce film d'Alain Resnais. Sans doute parce que je l'ai vu quand j'étais trop jeune, et qu'il m'était apparu comme un objet sophistiqué dont je n'avais pas les clés. Je me souviens aussi de *L'Année dernière à Marienbad* et de Delphine Seyrig, actrice fascinante, à part, mystérieuse et aussi follement humaine. Je me souviens du « jeu des allumettes », auquel je me suis tant frotté et de cette autre réplique, prononcée, par Sacha Pitoëff : « Je peux perdre, mais je gagne toujours. »

“Je ne mords pas... à moins qu’on ne me le demande”

“I don’t bite... unless it’s called for”

Une veuve éplorée devrait-elle dire cela ? Quand Reggie (Audrey Hepburn) est menacée par les complices de son défunt mari, persuadés qu'elle cache un butin de la Résistance française, elle n'a d'autre choix que de faire confiance à l'énigmatique Peter Joshua (Cary Grant), rencontré par hasard à Megève.

Lorsque Joshua éconduit Reggie qui lui propose de passer la soirée ensemble, elle prononce cette réplique suggestive. Alors que la première portion de la phrase (« Je ne mords pas ») se comprend au second degré comme une discrète invitation à la séduction, la chute suggère un flirt autrement plus passionné. Reggie peut mordre, au premier degré, si nécessaire. L'allusion à la fessée qui suit immédiatement cette ligne de dialogue ne laisse que peu de place à l'ambiguïté. Les apparences sont donc bien trompeuses : notre héroïne, sage et réservée, n'est pas une femme qui se laisse passivement courtiser. Elle est active dans son désir. C'est même la plus offensive des deux, là où Cary Grant apparaît la plupart du temps gauche et sur la retenue.

Réalisation : Stanley Donen
Scénario : Peter Stone

Ce badinage canaille fait le sel d'un scénario rempli de faux-semblants. À l'image de ce plan d'ouverture qui voit un revolver menaçant se transformer en pistolet à eau. Stanley Donen filme un ballet sophistiqué de personnages aux identités multiples, dont les chassés-croisés autour de la Seine font l'énergie d'une comédie policière élégante, aux dialogues aussi ciselés que les costumes Givenchy sont impeccables. L'intrigue est somme toute assez banale, mais le film réserve plusieurs morceaux de bravoure, sur les toits de Paris ou entre les colonnades du Palais-Royal. Là encore, il faut se méfier de l'eau qui dort ou du chien qui n'aboie pas : il peut mordre par surprise.

“Je suis précisément là où je veux être”

“I’m just exactly where I want to be”

Après une dispute avec Clementine (Kate Winslet), Joel (Jim Carrey) apprend qu’elle a fait effacer de sa mémoire tous leurs souvenirs communs grâce à l’entreprise Lacuna. Il décide d’avoir lui aussi recours à ce procédé. Il voit alors défiler tout son passé, mais ne peut pas vraiment se résigner à oublier l’idylle qu’ils ont vécue. Entre oubli et exploration de sa vie, Joel, à la fois acteur et spectateur de sa mémoire, cherche à reconquérir Clementine en repartant de zéro.

Le titre génial, *Eternal Sunshine of the Spotless Mind*, peut se traduire littéralement par « l’éclat éternel de l’esprit immaculé ». C’est un vers extrait de l’*Épître d’Héloïse à Abélard* du poète anglais Alexander Pope. Le vers précédent de ce poème cité dans le film nous annonce le programme du film : « *The world forgetting, by the world forgot* » (« Le monde oubliant, par le monde oublié »). C’est le programme du film. L’oublié veut oublier.

Réalisation : Michel Gondry
Scénario : Michel Gondry, Charlie Kaufman
et Pierre Bismuth

Être *précisément* là où on voudrait être est un sentiment de paix qui rappelle l'ataraxie des Grecs, la plénitude qui permet la tranquillité de l'âme. « Je pourrais mourir maintenant. Je suis juste... heureux », dit Joel juste avant cette réplique, allongé sur la glace. Sauf que le souvenir s'efface. Il est littéralement là où il veut être : dans le passé qu'il idéalise et qui disparaît. L'amour, quant à lui, existe surtout au futur, comme un désir tendu vers l'horizon. Mais peut-on s'aimer sans se reconnaître ?

Michel Gondry et son univers onirique nous offrent une histoire d'amour vraiment pas comme les autres. Le clown Jim Carrey devient taciturne et mélancolique, et c'est peut-être son meilleur rôle. La sage Kate Winslet est fantasque. La postproduction est réduite au minimum et certaines scènes ont été improvisées pendant le tournage. Jusque dans la technique donc, Gondry semble nous dire de ne pas nous retourner sur ce qui a été, si on veut laisser brûler l'éternel soleil.

Le mot de Patrice Leconte

J'aime cette réplique, parce que j'ai aimé me la dire secrètement, dans un coin de ma tête, à quelques occasions, forcément trop rares. Rares, forcément, parce que se sentir au bon endroit au bon moment n'est pas une chose quotidienne.
C'est quand vous demandez quelqu'un en mariage et qu'on vous dit « oui ».
C'est quand vous montez les marches du Festival de Cannes où votre dernier film est sélectionné.
C'est quand vous assistez à un coucher de soleil magique du haut d'un temple dans un pays lointain.
C'est quand votre premier enfant naît et que vous ne pouvez que pleurer, tant l'émotion est envahissante.
Ce sont quelques autres moments, bien sûr, mais qui ne sont pas si nombreux, et c'est tant mieux, car cela les rend précieux.

“L’amour n’est qu’une question de timing”

“其實愛情是有時間性的”

Un silence vaut-il une réplique ?
Dans *In The Mood for Love* (Wong Kar-wai, 2000), Chow (Tony Leung) explique à un ami qu'on déposait autrefois ses secrets à la montagne au creux d'un arbre pour l'éternité. Ce qu'il cache, lui, c'est un rapprochement avec sa voisine Su (Maggie Cheung), dont le mari a une liaison avec sa propre épouse. Leurs solitudes convergent dans un élégant ballet de regards et de non-dits, bercés par le célèbre *Yumeji's theme*, dans les bas quartiers de Hong Kong. Pourtant, cet amour clandestin n'advient pas : il reste ce murmure à jamais perdu dans l'écorce.

Dans *2046* (Wong Kar-wai, 2004), le personnage de Chow revient en écrivain qui s'inspire de son histoire personnelle pour écrire un roman de science-fiction. Les motifs du premier film sont repris, non sans variations visuelles et sonores : le secret déposé, les histoires sans lendemain et, bien sûr, le fantôme déchirant de son amour impossible avec Su. La réplique – « L'amour n'est qu'une question de timing » –, prononcée en voix off, est le point de rencontre des deux films, la synchronisation qui nous manque pour aimer.

Ce décalage temporel entre les êtres, qui se rencontrent trop tôt ou trop tard, les condamne à la solitude. Seule demeure, dans *2046*, la répétition par l'écriture ou par l'image des quelques instants où les trajectoires amoureuses se sont croisées. Il en va ainsi du style de Wong Kar-wai, dont le lyrisme épouse le rythme du découpage qui fragmente les corps et le temps pour mieux les ramener à la vie.

Réalisation : Wong Kar-wai
Scénario : Wong Kar-wai

Une histoire d'amour est paradoxalement d'autant plus précieuse qu'elle n'aboutit pas. Peut-être en va-t-il de même pour certaines répliques. Secrètes, cachées, prononcées seulement pour les arbres, elles en deviennent plus puissantes encore.

Le mot de Patrice Leconte

Tout est une question de timing, toujours.
Les scénaristes de nos vies sont souvent bien maladroits, parce qu'ils nous font marcher dans un quartier agréable, alors que, à deux rues de là, marche une autre piétonne qui aurait pu être la femme de votre vie. Une femme qui entre dans une boutique, alors que vous en sortez, ou bien qui y entre alors que vous passez devant. Combien d'amours se ratent à cause du timing ?...
Et c'est ainsi que certains et certaines, résignés et résignées, se contentent d'une vie médiocre, se satisfont de journées décevantes. Alors que s'ils avaient attendu un peu plus, ou un peu moins, peut-être seraient-ils tombés sur l'amour de leur vie au moment où, tous les deux, seraient entrés au même moment dans la même boutique, ou auraient arpenté les mêmes allées d'un parc ombragé. Le destin est une chose bien fragile...

“*I wish I knew how to quit you*”

“Si seulement j’arrivais à te quitter”

Cannes 2023. Pedro Almodóvar présente le moyen métrage *Strange Way of Life*, une histoire d’amour entre deux cowboys. Comment ne pas penser au film pionnier du Taïwanais Ang Lee, *Le Secret de Brokeback Mountain*, qui marquait les esprits en 2005 avec une romance gay entre bergers du Wyoming ? Jack (Jake Gyllenhaal) et Ennis (Heath Ledger) se sont aimés le temps d’un séjour à Brokeback Mountain. Une passion ravivée clandestinement des années durant, mais qui reste honteuse : malgré les avances de Jack, Ennis refuse de quitter sa famille jusqu’à ce que leurs chemins se séparent.

Murmurée de dos par Jack, dont la silhouette se découpe magistralement devant un lac de montagne, son « *I wish I knew how to quit you* » (« Si seulement j’arrivais à te quitter ») est un aveu bouleversant de frustration. Elle traduit autant l’impossibilité de cet amour que celle d’y mettre fin. C’est tout le piège de ces amants malheureux : ils n’ont pas choisi d’être attirés l’un par l’autre, mais la société dans laquelle ils vivent ne leur permet pas de vivre publiquement leur amour. Ils ne peuvent par ailleurs se résoudre à rompre – ils ne sauraient même pas comment faire – tant ce qu’ils ressentent l’un pour l’autre est puissant. Ce nœud tragique est contenu dans cette formule paradoxale : la prise de conscience que ce désir partagé qui devrait les rendre heureux est aussi celui qui les condamne à la souffrance.

Brokeback Mountain
Réalisation : Ang Lee
Scénario : Larry McMurtry et Diana Ossana
D'après la nouvelle éponyme de : Annie Proulx, 1997

La figure du cowboy a longtemps été associée au cinéma à une virilité exacerbée. De John Wayne à Clint Eastwood, en passant par les publicités Marlboro, être garçon vacher s'accommode peu de diversité sexuelle. Le récent *The Power of the Dog* (2021) de Jane Campion a déchaîné les passions en déconstruisant cette masculinité toxique. Si seulement on avait su quitter plus tôt nos représentations éculées.

Le mot de Patrice Leconte

Cette réplique m'en rappelle une de *La Fille sur le pont*, que j'ai réalisé en 1999 :

« – On fait comment ? On s'embrasse ? On se serre la main ?

– On s'oublie.

– Je ne vous promets rien. »

Pardon, il est sans doute immodeste de citer une réplique d'un de mes films et de dire à quel point j'y suis sensible. J'assume.

Serge Frydman, talentueux scénariste et dialoguiste, a mis ces quelques mots dans la bouche de Vanessa Paradis (Adèle) et de Daniel Auteuil (Gabor). Ils sont tous les deux sur le pont d'un bateau de croisière. L'amour et le désir planent confusément au-dessus de leurs têtes. Mais elle va se barrer malgré tout avec un Grec peu crédible (qu'elle regrettera dans pas longtemps).

Les adieux d'Adèle et de Gabor, ainsi résumés en quelques mots, me touchent infiniment. Parce que l'on comprend qu'ils se disent adieu sans avoir envie de se quitter. Dans ce simple plan, profil/profil, Vanessa Paradis et Daniel Auteuil m'ont fait venir les larmes aux yeux.

« Je suis ton père »

"I am your father"

Trois ans après *La Guerre des étoiles* (1977), *L'Empire contre-attaque* met en scène la suite de la lutte entre l'Empire galactique et l'Alliance rebelle. Le héros, Luke Skywalker (Mark Hamill), est formé par le sage Maître Yoda et sa syntaxe douteuse. Il apprend l'identité de son pire ennemi, Dark Vador (David Prowse), dans un combat d'anthologie.

Le plus célèbre *space opera* du cinéma choisit, pour cette révélation devenue culte, une phrase simple : sujet - verbe - complément. Sans adjectif qui viendrait préciser le propos et en limiter l'impact tragique. C'est peut-être sa simplicité radicale qui a fait le succès immédiat et planétaire de cette réplique. Afin de conserver l'effet de surprise de cette révélation, George Lucas avait veillé à ce que la phrase ne figure pas dans le scénario (dans lequel il est écrit : « Obi-Wan a tué ton père »). Elle n'a même pas été prononcée sur le plateau ! La voix de Vador (qui est celle de l'acteur James Earl Jones) a simplement été rajoutée au montage. Une poignée de personnes étaient dans la confidence, dont Mark Hamill, afin que sa réaction convienne. On ne compte plus le nombre de reprises parodiques de cette phrase... et de la franchise *Star Wars*.

Star Wars Episode V : The Empire Strikes Back
Réalisation : Irvin Kershner
Scénario : Leigh Brackett et Lawrence Kasdan, d'après une histoire de George Lucas

Cet affrontement nous transporte dans une dramaturgie mythologique, typique d'une saga qui mélange de manière explosive les références. On y retrouve un peu de l'*Iliade*, dans laquelle deux camps se disputent les faveurs des dieux (ici, la Force) et font combattre leurs héros pour décider du sort du monde. Il y a aussi du western dans ce duel final et cet empire aux défilés de soldats en ligne sous les drapeaux rappelle beaucoup le nazisme. Difficile de ne pas y lire Freud et son complexe d'Œdipe avec ce fils qui doit tuer son père. Le héros seul, libre et moral qui doit vaincre la machine totalitaire incarne également le mythe américain. Cinématographiquement, Lucas a reconnu avoir été très influencé par les films du Japonais Akira Kurosawa (notamment *La Forteresse cachée*, 1958). Si la Force est avec *Star Wars*, c'est peut-être grâce à cette ratatouille d'inspirations, pas toujours subtile, mais drôlement efficace.

Le mot de Patrice Leconte

Cette réplique ne serait-elle pas aussi devenue culte grâce à cette voix caverneuse, venue d'une galaxie lointaine, très lointaine ?
(Pas sûr, cependant, que le coup de la grosse voix vous fasse automatiquement passer à la postérité. J'essaierai dans un prochain film.)

“ E.T. téléphone… maison ”

“E.T. phone home”

Un extraterrestre est oublié sur terre par ses congénères dans une forêt californienne et trouve refuge auprès du jeune Elliott (Henry Thomas), 10 ans, et de sa famille qui l'aideront à se cacher. Grâce à Elliott, qui le baptise « E.T. » (pour « extra-terrestre »), il parvient à entrer en communication avec ses semblables.

Fascinant les enfants grâce à ses pouvoirs psychiques, E.T. apprend à parler en regardant la série éducative *Sesame Street*. Cette réplique, qui n'est même pas une phrase, rappelle dans sa construction la manière de parler de ceux et celles qui apprennent une langue : structure simplifiée, pas de verbe conjugué, des mots juxtaposés, pas de *je* mais un prénom comme sujet. Cela rappelle *Tarzan* (Van Dyke, 1932) ou *L'Enfant sauvage* (1970) de François Truffaut. Ce serait d'ailleurs ce dernier, acteur dans *Rencontres du troisième type* (1977), qui aurait suggéré à Steven Spielberg de réaliser un film d'aliens avec des enfants pour héros.

E.T. The Extra-Terrestrial
Réalisation : Steven Spielberg
Scénario : Melissa Mathison

Cela interroge notre rapport à l'altérité : l'extraterrestre a aussi une maison et elle lui manque. Ce qui suscite une sympathie évidente pour l'exilé. C'est d'ailleurs une des grandes innovations de ce film. À l'origine pensé comme une histoire d'aliens effrayants, *E.T.* prend une tout autre direction sous la plume de la scénariste Melissa Mathison (*Kundun*, *Le Bon Gros Géant*), créant l'image de l'extraterrestre sympathique et attachant. C'est donc un plaidoyer pour la tolérance qui s'exprime à travers ce corps fripé et ces yeux globuleux (*fun fact*, les équipes du film se seraient inspirées de la face écrasée des carlins).

Cette réplique résume ce film qui a détenu le record absolu de rentabilité pendant une dizaine d'années. *E.T.* a marqué son époque et notre représentation des années 1980. L'excellente série à succès *Stranger Things*, par exemple, en est la digne héritière.

Le mot de Patrice Leconte

Malgré toute l'admiration que j'ai pour Spielberg, je ne comprends pas pourquoi cette phrase en particulier nous a marqués.
On a un extraterrestre. Bon.
Il aimerait rentrer chez lui. Bon.
Chez lui, c'est une autre planète. Bon.
Sur terre, il n'a pas de réseau. Bon.
Et alors quoi ? Il veut dire à ses parents qu'il va être en retard pour le dîner ?
Un adolescent en voyage qui aurait sorti son portable en disant : « Tiens, j'appellerais bien ma mère », aurait-il autant marqué les mémoires ?
E.T. est une preuve de plus, s'il en fallait, qu'on ne peut pas prédire les répliques cultes !

“Ne t’endors pas ! C’est l’heure de mourir ! ”

“Wake up! Time to die!”

Dans l’atmosphère poisseuse d’un Los Angeles dystopique, Rick Deckard (Harrison Ford) est un *blade runner* qui reprend du service pour « retirer » (éliminer) quatre androïdes en situation irrégulière. Ces êtres génétiquement modifiés, d’une durée de vie de quatre ans, sont appelés « réplicants » puisqu’ils répliquent l’apparence humaine, mais n’ont aucune émotion. Ceux que Rick pourchasse se cachent dans les bas-fonds populeux et pollués de la mégapole après une mutinerie sur Mars.

La confrontation entre Rick et le premier d’entre eux, Leon (Brion James), est brutale. Le policier est dominé par son adversaire dont la fonction première est le combat rapproché. Pourtant très bavard entre deux coups de tatanes, Léon s’inquiète de sa durée de vie et évoque des fragilités dont il semble avoir pris conscience (« C’est douloureux de vivre dans la peur, n’est-ce pas ? »). Ses deux exclamations finales (« *Wake up! Time to die!* » ; « Ne t’endors pas ! C’est l’heure de mourir ! ») sont autant une bravade menaçante que l’expression d’une angoisse existentielle devant l’obsolescence programmée : rester éveillé jusqu’à « l’heure de mourir ».

Réalisation : Ridley Scott
Scénario : Hampton Fancher et David Webb Peoples
D'après le roman de : Philip K. Dick,
Do Androids Dream of Electric Sheep?, 1968

Mais ce qui est encore confus chez Leon se déploie sublimement dans le monologue final de Roy (Rutger Hauer), le chef des rebelles. Alors qu'il vient contre toute attente d'épargner Deckard, il livre ses derniers mots dans un moment de grâce : « J'ai vu tant de choses que vous, humains, ne pourriez pas croire. [...] Tous ces moments se perdront dans l'oubli comme les larmes dans la pluie. C'est l'heure de mourir. » La reprise de la formule finale, alors que précisément il s'endort pour mourir, fait le lien entre les deux scènes. C'est l'expression mélancolique de créatures qui se savent condamnées à ne pouvoir jouir de la beauté de l'existence. Les répliques de « réplicants » montrent qu'ils sont bien plus que des répliques d'être vivants.

Le mot de Patrice Leconte

Alternative : « Dis adieu à tes amis, car tu vas te réveiller mort. »
Les scénaristes de *Blade Runner* ont hésité longtemps, entre ces deux phrases, avant d'opter pour la réplique qui est dans le film. Ils ont eu raison, elle est meilleure.

“I’ll be back!”

“Je reviendrai !”

En 2029, ce qu’il reste de l’humanité, décimée par l’apocalypse nucléaire, lutte contre Skynet, système informatique qui œuvre à la domination des machines. Alors que les résistants et leur chef John Connor sont en passe de l’emporter, les machines envoient dans le passé, en 1984, un robot-tueur à forme humaine, le Terminator (Arnold Schwarzenegger). Sa mission : assassiner Sarah Connor (Linda Hamilton), mère de John, pour éviter la naissance de ce dernier et tuer, dans l’œuf, leur futur adversaire. Sarah peut compter sur l’aide de Kyle Reese (Michael Bienh), envoyé par les résistants.

Acculée, Sarah Connor se réfugie dans un commissariat, où on ne laisse pas entrer le cyborg. Celui-ci, sur un ton mécanique et calme (qui rend la *punchline* encore plus terrifiante), lance alors : « *I’ll be back!* » (« Je reviendrai ! »). Et, effectivement, il revient peu de temps après, défonce la porte du poste de police avec une voiture et zigouille tout le monde. Cette phrase a été répliquée dans les autres volets de la franchise comme un passage obligé (même si le robot a changé de camp), ainsi que dans certains autres films de « Schwarzy » (*Last Action Hero* de John McTiernan, 1993) et même dans ses discours politiques. C’est un produit d’appel pour la saga et une identité pour son acteur bodybuildé, qui brouille les lignes entre ses rôles et lui-même.

Réalisation : James Cameron
Scénario : James Cameron et Gale Anne Hurd

Ce magistral premier volet d'une saga inégale est assez proche du cinéma d'horreur, du thriller noir, d'une *sci-fi* crasseuse (quand les suivants sont des *blockbusters* de technofiction). Avec ce film de traque, de courses poursuites et d'attaques à mains bioniques armées, James Cameron est plus proche de John Carpenter que de Philip K. Dick. Une esthétique très *eighties* et des effets spéciaux ambitieux en *stop motion* cohabitent avec une réflexion sur le progrès technique et ses dangers. Alors, toujours tentés par ChatGPT ?

Le mot de Patrice Leconte

Amusons-nous, une fois de plus, à ignorer le contexte. Comme si cette toute petite phrase était celle d'un autre. Quel autre ?
Un client qui sort d'un restaurant dans lequel il a agréablement mangé ?
Un artisan (peintre ou menuisier) qui n'a pas fini son travail ?
Un touriste qui n'a pas eu le temps de tout visiter ?
En fait, non.
Et quand cette réplique est prononcée par un type, mi-Schwarzy, mi-robot du futur pétri de mauvaises intentions, on ne peut que frémir.

“Moi, je suis un insecte qui a rêvé un jour qu’il était un homme, et qui a aimé ça”

“I’m an insect who dreamt he was a man, and loved it”

Seth Brundle (Jeff Goldblum) est un biologiste et inventeur brillant et solitaire. Sa dernière création : une machine pour se téléporter. Ses premiers essais sur des animaux ne sont pas très concluants. Quand une jeune journaliste (Geena Davis) vient écrire sur lui, il décide de prouver l’efficacité de son invention en se téléportant lui-même. Mais lorsque les portes de sa cabine se referment, il ne voit pas qu’une mouche l’accompagne... De jour en jour, son corps et son comportement changent, le rapprochant peu à peu de l’insecte et l’éloignant de l’humanité.

À la fin du film, alors que Jeff Goldblum n’est plus reconnaissable (il fallait des heures de maquillage et de pose de prothèses pour chaque jour de tournage), cette réplique sonne comme un adieu déchirant au genre humain.

Le tragique de cette phrase, qui fait partie d’un long monologue, repose sur la contradiction apparente qui consiste à dire « je suis un insecte » : si c’était vraiment le cas, il ne pourrait pas le dire. L’hybridation des espèces est à l’image de la structure de la phrase : un mélange d’homme et d’insecte, de rêve et d’amour. Mais dans un dernier moment de lucidité, le scientifique reconnaît qu’il n’est plus vraiment lui-même et que la vie lui manque.

La Mouche • 1986

The Fly
Réalisation : David Cronenberg
Scénario : David Cronenberg et Charles Edward Pogue
D'après la nouvelle éponyme de : George Langelaan, 1957

Cette histoire de transformation n'est pas sans rappeler *La Métamorphose* de Franz Kafka (1915). Ce fantastique huis clos aux effets visuels horrifiques questionne notre identité à travers la mise en scène de la chair déchue, de l'organique dégénéré. Jeff Goldblum, dans un jeu d'acteur croisé homme-diptère, nous montre aussi que le progrès peut être synonyme de régression morbide. Conclusion amère sur la vie et la science qui ne fait pas toujours mouche : « *Now, the dream is over...* » (« Maintenant, le rêve est terminé... »).

Le mot de Patrice Leconte

Un insecte qui rêve d'être un homme ? Voilà qui est singulier. En revanche, aucun homme n'a jamais rêvé d'être un insecte. À part peut-être quelques tordus.
Un jour, sans doute, la science aura fait des progrès stupéfiants, et nous arriverons à savoir à quoi pensent les animaux, chats, chiens, tamanoirs, rhinocéros, guépards et hamsters. J'adorerais. D'ici là, faisons confiance à cette mouche et à Cronenberg, qui sait mieux que nous ce que pensent les monstres...

“J’ai dépensé sans compter”

“I spared no expense”

Le milliardaire John Hammond (Richard Attenborough) réalise un rêve de gosse en faisant revivre des dinosaures grâce à la génétique sur une île du Pacifique. Lorsqu’il invite un groupe de spécialistes (Sam Neill, Laura Dem, Jeff Goldblum, etc.) pour visiter son parc avant l’ouverture, ses créatures et la situation lui échappent.

Le guilleret Hammond répète cette phrase à de nombreuses reprises dans le film, comme pour justifier son investissement, souligner sa richesse et sa détermination presque pathologique. L’anglais *to spare* signifie « épargner », autant pour les finances que pour la vie humaine. Prémonitoire dans la bouche de celui qui n’aura effectivement pas épargné la vie de ses hôtes... Dans ce plaidoyer vivant pour l’impôt sur la fortune, il reconnaît qu’il n’a pas « compté », c’est-à-dire qu’il est sorti du registre de la raison pour vivre à fond celui du fantasme. Visuellement, le fantasme est très réussi et les animatroniques du T-Rex n’ont rien à envier aux images de synthèse actuelles.

Réalisation : Steven Spielberg
Scénario : Michael Crichton et David Koepp
D'après le roman éponyme de : Michael Crichton, 1990

Les scientifiques, qui représentent la raison, restent assez méfiants. Le thème de la technique ou de la créature qui échappe à son créateur est récurrent en littérature comme au cinéma, du *Frankenstein* de Mary Shelley (1818) au *Terminator* de James Cameron (1984), en passant par les romans de Philip K. Dick ou la série *Westworld* (2016-2022). La saga *Jurassic Park* innove avec ce progrès techno-génétique qui recrée des espèces disparues. Autrement dit, ce n'est pas le futur ou les machines qui nous mettent en danger, mais le passé.

Pour empêcher les dérives de ses robots, Isaac Asimov avait imaginé des lois à leur inculquer. Mais n'est-ce pas plutôt l'espèce humaine qui devrait réfléchir à ce qu'elle peut faire et ne pas faire ? « L'Homme s'empêche », disait Albert Camus. Hammond ne l'avait pas en tête.

Le mot de Patrice Leconte

Je me demande s'il n'y a pas là quelque ironie de la part de Steven Spielberg. *Jurassic Park* a en effet bénéficié d'un budget très important (magnifiquement utilisé, là n'est pas la question). J'imagine bien le réalisateur, rentrant à Los Angeles après le tournage, frapper à la porte de chez Universal, se laisser tomber sur le fauteuil faisant face au bureau de son producteur et lui dire : « J'ai dépensé sans compter. »
Dans sa tête, le producteur tétanisé a dû calculer à toute vitesse son seuil de rentabilité. Coup de bol pour lui : ce fut à l'époque le film le plus profitable financièrement jamais réalisé. Comme quoi, Steven Spielberg a bien eu raison de dépenser sans compter.

“Choisis la pilule bleue et tout s’arrête”

“You take the blue pill, the story ends”

Et si Neo (Keanu Reeves) avait pris cette fameuse pilule bleue, l’histoire se serait-elle arrêtée là ? L’idée ne manque pas de saveur quand on sait l’importance de cette saga dans la culture pop.

Dans une scène clé, Morpheus (Laurence Fishburne) présente au héros un dilemme : soit prendre la pilule bleue et ne rien changer à son existence, soit choisir la pilule rouge et « descendre au fond du gouffre avec le lapin blanc » (« *take the red pill [...] and I show you how deep the rabbit hole goes* ») pour affronter la terrible vérité d’une humanité réduite en esclavage par des machines, captive d’une réalité virtuelle – la Matrice. En somme, Neo doit arbitrer entre sa liberté au prix de la souffrance, ou bien l’aveuglement d’une tranquillité ordinaire. Une variation cyberpunk du mythe de la caverne de Platon.

Cette dialectique qui valorise un héros se sacrifiant au nom de la vérité a connu depuis un grand succès. C’est même devenu un slogan de la droite réactionnaire américaine en 2022, la mouvance *redpill*, obligeant Lana Wachowski à rejeter cette instrumentalisation.

The Matrix
Réalisation : Lana et Lilly Wachowski
Scénario : Lana et Lilly Wachowski

En réalité, l'alternative proposée par la réplique est illusoire : il va de soi que Neo ne peut pas choisir la pilule bleue. Dans *Matrix Resurrections* (2021), ce dialogue est rejoué sur un écran géant, dans une mise en abyme vertigineuse (Neo assiste à la scène qu'il vit dans le premier opus comme s'il voyait un extrait du film dans le film), mais pour mieux le déconstruire : choisir entre deux cauchemars, est-ce vraiment choisir ? De même, il est des choix qui s'imposent d'eux-mêmes, dans un monde tout sauf binaire, mais fluide et complexe. Le dispositif narratif répète ainsi la possibilité pour Neo de faire des choix et en même temps le présente comme l'Élu, c'est-à-dire une figure déterminée par excellence. Le Christ a-t-il vraiment choisi d'aimer ?

Le mot de Patrice Leconte

Qui aurait pu imaginer qu'une ordonnance de médecin généraliste deviendrait un jour une réplique de film ?
Sauf que, dans *Matrix*, les protagonistes ne vont pas dans une pharmacie pour acheter sur ordonnance des pilules bleues et rouges destinées à guérir un rhume ou une migraine.
Question : quelle aurait été cette réplique si *Matrix* avait été tourné avant 1915, date de l'invention du Technicolor ?

“You musn’t be afraid to dream a little bigger, darling”

“N’ayons pas peur de rêver un peu plus gros, chéri”

Quand les cinéastes rêvent grand, il devient compliqué de résumer leurs ambitions. *Inception* est un thriller d’espionnage, mais pas seulement. Un film de science-fiction, mais pas seulement. Une histoire d’amour, mais pas seulement.

Dans un futur où l’on peut partager des rêves et infiltrer ceux d’autrui, Cobb (Leonardo DiCaprio) est passé maître dans l’art de subtiliser des informations à l’insu de ceux qui dorment. Il doit désormais réaliser une *inception*, c’est-à-dire implanter dans l’esprit d’un dormeur une idée exogène – en l’occurrence, faire démanteler un empire industriel par son propriétaire. Sauf que le subconscient de la victime a été entraîné pour résister. Dès l’intrusion, Cobb et son équipe sont assaillis et doivent donc s’enfoncer dans des couches de rêves toujours plus profondes au risque de se perdre à jamais.

Réalisation : Christopher Nolan
Scénario : Christopher Nolan

La réplique est prononcée dans une fusillade par Eames (Tom Hardy) alors qu'il voit Arthur (Joseph Gordon Levitt) combattre avec un calibre modeste. Eames sort l'artillerie lourde en toute décontraction, avec son *darling* flegmatique. Cette variation du concours de celui-qui-a-la-plus-grosse pourrait être anecdotique, mais c'est une formidable mise en abyme d'un enjeu central : la conception des niveaux de rêve qui rappelle la puissance créatrice du cinéma. Cobb paie le prix d'un engagement trop fort dans son art, comme pourrait le vivre un cinéaste. Cela révèle aussi toute l'ambition technique de Nolan : filmer au format IMAX 70 mm, c'est rêver plus gros ; tout comme jeter Matthew McConaughey dans un trou noir (*Interstellar*, 2014) ou reconstituer sans effets numériques la première explosion atomique (*Oppenheimer*, 2023). Rêver plus grand et réaliser, en sortant de la salle de cinéma, qu'il y avait peut-être « quelque chose d'étrange ».

Le mot de Patrice Leconte

Quand j'ai vu ce film et que cette phrase de dialogue a été prononcée par un des personnages, j'ai vibré sur mon siège. Parce qu'elle était l'écho immédiat d'autres phrases, des trucs à moi, des trucs que je me suis souvent dits tout bas, des trucs qui m'ont donné du courage quand j'en avais besoin.
Des trucs comme :
« Aucun rêve n'est impossible. »
« Si on part perdant, on n'a aucune chance d'arriver gagnant. »
« Pourquoi se contenter de peu quand on peut faire beaucoup ? »
Certains films nous rendent plus forts.

“What a day! What a lovely day!”

“Quelle journée !
Quelle merveilleuse journée !”

Dans un monde ravagé par un cataclysme nucléaire, des seigneurs de guerre s’affrontent pour contrôler l’eau et le pétrole. Max (Tom Hardy), un ancien policier qui survit en cavale, est capturé par l’un d’entre eux, Immortan Joe (Hugh Keays-Byrne), qui veut faire de lui une réserve de sang frais pour l’un de ses *warboys*, Nux (Nicholas Hoult). Mais lorsque le harem d’Immortan Joe se fait la malle avec sa plus fidèle lieutenante Furiosa (Charlize Theron), Max est précipité malgré lui dans une course-poursuite dantesque au milieu du désert.

Celle-ci démarre au quart de tour par une spectaculaire tempête de sable. Le Porte-Guerre des femmes-esclaves est suivi de près par Nux, à la voiture de laquelle Max s’accroche. Alors qu’un déluge de tôle froissée s’abat sur tout ce beau monde, il faudrait être fou pour passer une belle journée. Et pourtant, pour le soldat fanatisé, cet enfer est l’occasion rêvée de rejoindre le *Valhalla* promis par son chef. Peu importe s’il doit partir en torche pour arrêter les fuyardes, il se sacrifie pour une vie éternelle de délices. La réplique aurait pu être celle de n’importe quel kamikaze. C’est toute la perversion du fanatisme : faire croire à son agent que le jour de sa mort est le plus beau jour de sa vie.

Mad Max: Fury Road • 2015

Réalisation : George Miller
Scénario : George Miller, Brendan McCarthy et Nick Lathouris

Dans un monde en pénurie d'essence, l'éco-conduite n'est bizarrement pas à la mode. Les guitares y deviennent même des lance-flammes. Pourtant, dans la furie explosive des cascades, quelque chose de plus profond se trame. Des êtres cassés par l'âpreté du monde retrouvent le désir de s'entraider dans le vacarme de moteurs en roue libre. Dans les précédents opus, Max, interprété par Mel Gibson, occupait toute la place. Il passe ici le flambeau à Furiosa qui sera, d'ailleurs, l'héroïne du prochain film. *On the (fury) road, again.*

“Ce n’est pas bon, ce n’est pas pratique”

“It’s no good — It isn’t practical”

Si le repas révèle souvent les rapports de classe, il est très tôt au cinéma l’occasion d’un discours critique sur l’évolution de la société. Ainsi en est-il de Chaplin dans *Les Temps modernes*, ouvrier aliéné par les nouvelles formes de production, qui subit un progrès technique bien éloigné du progrès social. La scène des boulons a fait la célébrité du film. Soumis à une cadence productive toujours plus rapide, Charlot devient fou à force d’effectuer le même geste. Le tapis roulant qui constitue la chaîne de production finit par littéralement l’absorber, avant de le recracher comme un déchet.

Pour autant, la scène de la machine à manger (*eating machine*), moins connue, est tout aussi efficace pour dénoncer les logiques industrielles à l’œuvre dans le fordisme. C’est un petit bijou de torture gastronomique : l’automatisation du repas doit permettre à l’ouvrier de travailler sans pause déjeuner pour produire toujours plus. Charlot est naturellement désigné comme cobaye pour essayer cette invention. Les aléas techniques en décident autrement au détriment de notre héros qui ingère soupe, maïs et boulons à marche forcée à cause du robot qui s’emballe. L’inventeur conclut dans un intertitre : « Ce n’est pas bon, ce n’est pas pratique » (« *It’s no good — It isn’t practical* »).

Modern Times
Réalisation : Charlie Chaplin
Scénario : Charlie Chaplin

Ce film, qui aurait dû être le premier parlant de Chaplin, n'intègre finalement que des expérimentations sonores. Un intertitre peut-il en dire autant qu'une réplique ? Celui-ci nous montre la subversion ultime d'une pensée productiviste devenue folle : ce qui n'est pas bon, ce n'est pas la qualité du plat, mais la technique utilisée, qui n'est pas assez pratique.

Quelle faute de goût !

Le mot de Patrice Leconte

Charlie Chaplin était infiniment exigeant vis-à-vis de lui-même, de son travail, de ses films. Il a recommencé je ne sais combien de fois certaines scènes qu'il jugeait inabouties. Il a tourné, retourné, retourné encore, visant une sorte de perfection qui, à l'arrivée, se manifeste dans chacun de ses films. J'ai toujours pensé que la perfection était une chose terriblement ennuyeuse. Chaplin m'aura prouvé le contraire.
Je l'imagine, après une projection d'un premier montage, disant à ses producteurs : « *It's no good* » (« Ce n'est pas bon »). On imagine la tête desdits producteurs qui, eux, trouvaient que ce qu'ils avaient vu était réussi, et qui, douloureusement, devaient assumer tant de dépenses supplémentaires.
Mais était-ce envisageable de dire « non » à Charlot ?

« Quand l'appétit va, tout va ! »

Prononcée par Abraracourcix dans *Le Bouclier arverne* (1968), cette expression est chantée par Roger Carel et Jacques Morel dans l'adaptation animée de l'aventure égyptienne d'Astérix et Obélix. Absent de l'album original, ce morceau de bravoure musical a été imaginé par Pierre Tchernia et Gérard Calvi à la demande d'Uderzo et de Goscinny qui trouvaient le film trop court. Dans une interview récente (*Ciné Music Club*, 2016), Tchernia explique s'être inspiré des productions Disney en intégrant des chansonnettes utiles pour présenter les personnages (les vocalises de Cléopâtre dans son bain) ou pour faire avancer l'action (la recette du pudding à l'arsenic).

Pour son auteur, « Quand l'appétit va, tout va » est la « chanson cauchemar » d'un Obélix en diète forcée au milieu du désert. Sa détresse alimentaire se traduit par des visions hallucinées d'un ballet de sangliers, des bains de cervoise et une ronde démesurée de fromages. La musique et les danses empruntent autant au cabaret qu'à la variété française et même au blues. Les rimes internes rythment avec humour et à peu de frais des paroles somme toute assez simples qui soulignent le caractère bon vivant d'Obélix. Il n'y a qu'à voir la manière dont il s'adresse à la reine d'Égypte : « Cléo, j'aime ton nez mignon, j'aime aussi les champignons, et puis les saucisses et le pain d'épices. »

Réalisation : René Goscinny et Albert Uderzo
Scénario : René Goscinny et Albert Uderzo
D'après la bande dessinée éponyme de :
René Goscinny et Albert Uderzo, 1965

Goscinny se serait inspiré d'une formule du député de la Creuse Martin Nadaud, au XIXe siècle : « Quand le bâtiment va, tout va. » Appliquée à la ripaille, elle sonne comme un art de vivre à la gauloise. Le bonheur est dans le plat.

« Mange encore, mon petit Michel, mange, si tu ne manges pas, tu ne vas pas mourir »

Quatre amis se retrouvent à la campagne pour manger et pour mourir. Chacun des personnages porte le prénom de son acteur : Philippe (Noiret), Michel (Piccoli), Marcello (Mastroianni) et Ugo (Tognazzi) sont accompagnés dans leur hara-kiri gastronomique par Andréa (Ferréol). Il s'agit d'avoir l'estomac bien accroché devant l'agonie de ces bourgeois qui se tuent de jouissance, comme si Rabelais dînait avec Sade dans une orgie de plats raffinés de la maison Fauchon. Manger, « encore » et « encore », dans un festin qui tourne au suicide collectif par indigestion.

La grande abbuffatta
Réalisation : Marco Ferreri
Scénario : Marco Ferreri, Rafael Azcona
et Francis Blanche

Michel se retrouve alité à cause d'une terrible aérophagie. Il s'interdit de flatuler en mémoire de sa mère qui lui proscrivait les gaz. Lorsqu'il se libère bruyamment de son météorisme, il est aussitôt gavé de purée par un Marcello maternel qui lui enjoint de s'imaginer en enfant pauvre de Bombay, crevant de faim, pour ne pas renoncer à s'empiffrer. La réplique révèle tout le cynisme du dispositif : il doit ingérer pour mourir et non pour vivre. Cette pulsion de mort serait celle d'une époque : un miroir tendu à la société de consommation dans son ensemble qui se bâfre sans complexe à l'issue des Trente Glorieuses, et dont les spectateurs cannois étaient sans doute de glorieux représentants.

« Vous n'avez plus qu'à nous pisser dessus maintenant ! » aurait hurlé un festivalier à Andréa Ferréol après la première projection en 1973. C'était chose faite en réalité.

Le mot de Patrice Leconte

Quand j'étais enfant, j'étais rond (on m'appelait « Babar », c'est dire). Ma mère, qui faisait très bien la cuisine, et qui avait une nette propension pour les plats qui tiennent au corps (la « nouvelle cuisine » viendra plus tard), me resservait d'escalopes lorraines napées de béchamel en me disant : « Il vaut mieux faire envie que pitié. »
C'est dire si le « petit Michel » de *La Grande Bouffe*, celui qui doit manger pour mourir, me glace, car il me renvoie des dizaines d'années en arrière, des années que je me hâte d'oublier. C'est pour cela que je n'ai jamais revu ce film, dont je me souviens juste qu'il m'avait écœuré.

« Ta gueule ! Tu m'emmerdes ! Je t'emmerde ! Je vous emmerde tous avec vos dimanches et votre gigot à la con ! Merde ! »

Filmer les repas revient souvent au cinéma à filmer des copains, comme Vincent (Yves Montand), François (Michel Piccoli), Paul (Serge Reggiani), Jean (Gérard Depardieu) et tous les autres qui se retrouvent à la campagne le temps d'un dimanche filmé par Claude Sautet. Le partage des plats s'accompagne de celui d'idées politiques, révélatrices des fractures du groupe.

Alors que François découpe méticuleusement un gigot parfaitement rosé, le débat s'ouvre sur l'évolution urbaine, en particulier sur l'attribution de logements sociaux à des populations défavorisées dans des zones périphériques. Les uns y voient une forme d'exclusion. François, toujours plus nerveux sur sa viande, estime qu'il s'agit d'une adaptation inévitable.

Paul lui reproche l'abandon des ambitions sociales qui l'animaient autrefois, alors qu'il voulait « soigner les pauvres gratuitement » dans les années 1950. Vingt ans plus tard, le voilà qui travaille dans « une clinique toute blanche à l'Étoile » pour du « beau monde ». Cette ironie mordante fait mouche : la colère de François se déchaîne d'abord contre son ami (« Tu m'emmerdes ! ») avant d'éclabousser tout le monde autour de la table (« Je vous emmerde »). Dans la mesure où Paul est un « écrivain qui n'écrit rien » et Jean « un boxeur qui ne veut pas boxer », François n'a pas le monopole des illusions perdues.

Réalisation : Claude Sautet
Scénario : Claude Sautet, Claude Néron et Jean-Loup Dabadie
D'après le roman de : Claude Néron, *La Grande Marrade*, 1965

Dès lors, le « gigot à la con » reflète l'évolution sociale de ces anciens idéalistes, comme une métonymie de leur embourgeoisement. Le jeu explosif de Michel Piccoli - qui se serait inspiré des sautes d'humeur de Claude Sautet pour l'interpréter - souligne parfaitement le malaise de son personnage, signe extérieur d'une crise intérieure qui n'en finit plus de gigoter.

Le mot de Patrice Leconte

Combien en avons-nous subi de ces gigots dominicaux à la con ? Avec un couvercle de plomb sur la tête et des sourires familiaux, comme pour dire que tout va bien et qu'on est heureux d'être là.
Comment ne pas envier ce personnage qui sort de ses gonds et qui dit tout haut ce que tout le monde pense tout bas ? Mais ce serait infiniment blessant pour l'entourage, notamment pour la personne qui a préparé le gigot.
J'ai une petite phrase magique, qui m'a permis d'affronter tout ce que la vie nous réserve de moins souriant (et pas que les gigots à la con) : « Quoi qu'on ait à vivre, un jour ou l'autre c'est derrière nous. » Ça n'a l'air de rien, mais ça m'a souvent sauvé la vie, juste parce que le temps qui passe est plus fort que toutes les contrariétés, petites ou grandes, auxquelles nous devons faire face. Notez-la, et ne l'oubliez jamais, elle vous sauvera la vie à vous aussi.

“I’ll have what she’s having”

“Donnez-moi la même chose qu’elle”

Est-il possible pour un homme et une femme d’être amis sans ambiguïté amoureuse ? La question se pose dès qu’Harry (Billy Cristal) rencontre Sally (Meg Ryan). Le premier est persuadé qu’une amitié mixte est impossible « car le sexe fait toujours barrage » (« *men and women can’t be friends because the sex part always gets in the way* »). Leur relation, tantôt conflictuelle, tantôt complice, suit son chemin dix années durant jusqu’à ce qu’ils se rendent à l’évidence de leurs sentiments mutuels.

When Harry Met Sally
Réalisation : Rob Reiner
Scénario : Nora Ephron

Dans le célèbre restaurant new-yorkais *Katz's Delicatessen*, Sally confronte Harry qui, avec une assurance toute masculine, a une confiance aveugle en son efficacité sexuelle. Elle lui prouve qu'une femme peut très bien simuler un orgasme, en s'exécutant avec conviction entre la poire et le fromage. La scène aurait été imaginée par la scénariste Nora Ephron pour valoriser le personnage de Sally qu'elle jugeait trop effacée. Les cris, les gestes et l'intensité du jeu de Meg Ryan rétablissent définitivement l'équilibre.

La réplique finale ajoute le piment nécessaire. Une cliente âgée, témoin de la scène, dit vouloir « la même chose » (« *I'll have what she's having* »). Mais que veut-elle au fond ? Le sandwich qu'elle pourrait croire à l'origine d'un tel plaisir, ou bien une sexualité enfin épanouie après une vie maritale frustrante ? Il se trouve que cette cliente est interprétée par Estelle Reiner, la mère du réalisateur Rob Reiner. Quand on sait que le cinéaste a dû lui-même simuler un orgasme sur le tournage pour préciser ses attentes à Meg Ryan, la présence de sa mère à quelques mètres ne manque pas de sel ni même de pastrami.

Où sont les poulardes ? J'ai faim !

Au dîner, il y a des codes. Ce que ne maîtrisent pas Hubert de Montmirail (Jean Reno) et son écuyer Jacquouille (Christian Clavier), propulsés par magie depuis le Moyen Âge dans la France de 1993. À table donc, la faille temporelle devient gouffre culturel tant les manières du passé jurent avec celles de leurs hôtes modernes. La scène est l'occasion d'une tirade que nous ne résistons pas à livrer *in extenso* :

> « Où sont les poulardes ? J'ai faim ! Où sont les veaux, les rôtis, les saucisses ? Où sont les fèves, les pâtés de cerf ? Qu'on ripaille à plein ventre pour oublier cette injustice ! Il n'y a pas quelques soissons avec de la bonne soivre, un porcelet, une chèvre rôtie, quelques cygnes blancs bien poivrés ? Ces amuse-bouches m'ont mis en appétit ! »

Tout l'enjeu ici est d'utiliser le vocabulaire gastronomique pour faire le plus médiéval possible : le gibier chassé a donc la première place, sous toutes ses formes, en saucisses ou en pâtés, mais surtout entier. Dans un Moyen Âge fantasmé, on mange la « chèvre », le « porcelet » ou le « cygne » d'un seul tenant, juste rôtis ou assaisonnés. On ne mange pas, on fait « ripaille ». La réplique fait ainsi la part belle aux archaïsmes, avec ces « soissons », petits haricots blancs de la ville éponyme, qu'il s'agit de manger avec de la « soivre », sans doute une sauce épicée.

Réalisation : Jean-Marie Poiré
Scénario : Jean-Marie Poiré et Christian Clavier

La tirade fonctionne donc par accumulation de mets, de questions, d'exclamations, de tout, jusqu'à la truculente pirouette finale, véritable manifeste de bon vivant que ne renierait pas un Obélix, qui fait de cette orgie un « amuse-bouche ». La litote est un plat qui se mange sans déplaisir.

“Qu’est-ce que vous voulez que je fasse ? Un numéro de claquettes ?”

Adaptée de la pièce de théâtre du même nom, cette comédie en huis clos se déroule le temps d’un dîner sans jamais ne rien nous en montrer. L’essentiel se joue dans les conversations d’arrière-cuisine entre des personnages perturbés par la présence d’un invité célèbre. Le poids des non-dits est plus lourd encore que ce qui est verbalisé. Entre la poire et le fromage, l’amertume infuse autant que les répliques fusent.

Georges (Jean-Pierre Bacri) lance cette tirade énervée devant Jacques (Sam Karmann) et Fred (Jean-Pierre Darroussin) qui lui reprochent de plomber l’ambiance de la soirée. Derrière la ronchonnerie, devenue un leitmotiv pour Jean-Pierre Bacri, on devine une fierté blessée par le dégoût de soi. Déclassé et frustré, Georges donne le change en s’excluant lui-même, dans le discours – notez l’opposition entre le « vous » et le « moi » – comme dans l’espace, puisqu’il ne cesse d’aller sur le balcon.

Réalisation : Philippe Muyl
Scénario : Agnès Jaoui et Jean-Pierre Bacri
D'après la pièce de théâtre éponyme de :
Agnès Jaoui et Jean-Pierre Bacri, 1991

Alors qu'une vue d'ensemble s'impose souvent au théâtre, l'adaptation fragmente l'espace pour éviter l'écueil du théâtre filmé. Les mouvements de caméra ou le jeu sur les échelles de plans accompagnent les répliques pour mieux capter la tristesse refoulée par le personnage. Filmé de dos – ce qui est malvenu au théâtre –, nous voyons ce qu'il voit dans l'immeuble d'en face : un voisin isolé, devant sa télévision, comme un miroir présenté à sa propre solitude.

Prolongée avec *Un air de famille* (1996), cette écriture cynique mais tendre du couple Jaoui-Bacri a fait naître un véritable sous-genre comique, le repas de famille qui tourne au jeu de massacre, qu'on retrouve par exemple dans *Le Prénom* (Alexandre de La Patellière et Matthieu Delaporte, 2012). Quand vient le dîner, il n'y a pas que la viande qui est saignante.

“Nous sommes tous fous, Natalija. Seulement, personne n’a encore fait le diagnostic”

“Svi smo ludi Natalija. Samo nemamo još svi dijagnozu”

Dans les sous-sols de Belgrade, en pleine Seconde Guerre mondiale, un groupe de réfugiés attend patiemment dans une cave la fin de l’occupation nazie. Persuadés de participer à l’effort de résistance en fabriquant des armes, ils sont en fait exploités par Marko (Miki Manojlović) qui s’enrichit sur leur dos en les laissant vivre dans l’illusion d’un conflit qui perdure. Vingt années durant, Marko ment à tout le monde dans cette microsociété souterraine, y compris à son meilleur ami Blacky (Lazar Ristovski), et à son amante Natalija (Mirjana Joković) qui découvre finalement le pot aux roses. Des années Tito jusqu’aux guerres balkaniques, toute l’histoire de l’ex-Yougoslavie est ainsi digérée au milieu des fanfares et des litres d’alcool.

Réalisation : Emir Kusturica
Scénario : Dušan Kovačević
Musique : Goran Bregović

La réplique est prononcée au début du film par Marko alors qu'il aide Blacky à fuir les nazis depuis un hôpital psychiatrique. Quand Natalija s'attriste en voyant les fous du coin, il l'invite à changer de point de vue. Nonobstant Descartes, la folie serait la chose du monde la mieux partagée. Chez Emir Kusturica, c'est un programme esthétique autant que philosophique. Formellement, le film est un désordre permanent qui multiplie les morceaux de bravoure dans lesquels des personnages désaxés dansent, chantent et rient dans une outrance quasi constante. La scène de la noce, où une fanfare rotative s'ajoute à une mariée volante, est un moment de confusion parfaitement orchestré. Plus profondément, cette folie est aussi ce qui fait notre humanité, pour le meilleur d'une passion amoureuse ou d'un festin entre amis, tout comme pour le pire d'une guerre fratricide.

Dans cette reprise balkanique du mythe platonicien de la caverne, on est mieux unis sous terre qu'à l'extérieur. Il reste les trompettes de Goran Bregović pour nous emmener au septième ciel.

“On n’a pas besoin de raison quand on a l’héroïne”

“Who needs reasons when you’ve got heroin?”

Quand résonnent les basses et la batterie furieuses de *Lust for Life* (Iggy Pop), c’est tout le fracas de la révolte qui frappe le spectateur en pleine gueule. Rarement introduction n’aura présenté de façon aussi efficace l’esprit d’un film, ses personnages et ses enjeux. Précipitée *in medias res* dans les jambes de jeunes Écossais qui fuient la police, la caméra suit Mark Renton (Ewan McGregor) et sa bande de copains camés et paupérisés dans les bas-fonds d’Édimbourg, alors qu’un monologue taillé à la serpe épouse son rythme frénétique.

Réalisation : Danny Boyle
Scénario : John Hodge
D'après le roman éponyme de : Irvine Welsh, 1993

Mark rejette en bloc le mode de vie offert par la société. S'intégrer reviendrait à choisir un « boulot », une « carrière », une « putain de télé à la con » ou un « pavillon » pour « bricoler le dimanche matin » avant de « pourrir à l'hospice en se pissant dessus ». C'est-à-dire suivre le rail confortable mais ennuyeux d'une classe moyenne piégée dans le conformisme et le consumérisme. La dernière phrase du monologue agit pourtant comme un révélateur. S'il renonce à la vie, c'est qu'il est toxicomane. Un *junkie* qui trouve dans les effets puissants de l'héroïne sa seule raison de vivre. Le choix d'une disparition volontaire qui rappelle la « blancheur » du sociologue David Le Breton. Préférer l'absence à soi plutôt que de n'être personne alors que la crise économique fait des ravages.

Derrière ce cri du cœur se cache le désespoir de jeunes qui s'autodétruisent pour garder l'illusion de la joie. Danny Boyle filme avec tendresse la violence des paradis artificiels et les difficultés du sevrage. Si Renton a préféré s'exclure pour regarder passer les trains, il se décide finalement à raccrocher les wagons. N'est-ce pas normal après tout, pour un Écossais, que de vouloir retrouver son indépendance ?

« Les choses qu'on possède finissent par nous posséder »

"The things you own end up owning you"

Le narrateur (Edward Norton) est un employé de bureau déprimé et monotone. Lorsqu'il rencontre le punk anarchiste Tyler Durden (Brad Pitt), sa vie prend un tournant radical. Ils vivent dans une sorte de squat où l'on croise toutes sortes de zigs, comme la cynique Marla (Helena Bonham Carter). Le soir, ils se retrouvent au *fight club* pour se battre à mains nues dans un sous-sol avec d'autres hommes broyés par la société moderne.

Réalisation : David Fincher
Scénario : Jim Uhls
D'après le roman éponyme de :
Chuck Palahniuk, 1996

Les deux personnages principaux se lient d'amitié après que Tyler a brûlé l'appartement du narrateur pour, soi-disant, le libérer de ce qu'il possède et qui l'aliène. La morale résolument antimatérialiste de la réplique prend pour cible la société consumériste et capitaliste tout entière. L'efficacité de la phrase, prononcée dans un pub bruyant, tient au fait que « les choses » sont à la fois le sujet et le complément d'objet de la possession. Comme si elles avaient une certaine autonomie, dans une société qui ne répond plus aux besoins mais les crée. Les hommes deviennent les marchandises d'un commerce dont la rançon est leur liberté.

Tyler est une sorte de surhomme nietzschéen, un nihiliste qui rejette toute forme d'institution. Il sait jouer sur l'instinct grégaire d'hommes en quête pathétique d'une prétendue virilité perdue et d'un sens à leur vie. Ce film ambigu de David Fincher, qui ne connut pas un succès immédiat à sa sortie en salle, est autant une ode libertaire jouissive qu'un réceptacle à pulsions masculinistes, une satire cruelle et un éloge amoral de la violence gratuite. Si la fin du récit consacre l'impasse de ces démons intérieurs, le film a fasciné un grand nombre de personnes dans les années qui suivirent, au point que des *fight clubs* clandestins ont ouvert dans plusieurs villes américaines. Les films finiraient-ils pas nous posséder ?

« Tu es mon fils. Qui que tu sois »

Alexia (Agathe Rousselle) a un implant en titane dans le crâne depuis un accident de voiture. Au crépuscule, elle danse dans une sorte de club interlope qui mêle érotisme et tuning automobile fétichiste. Psychologiquement instable, elle commet des crimes sanglants, couche avec une voiture et… tombe enceinte. Vincent (Vincent Lindon) est un pompier drogué et à fleur de peau, qui recherche désespérément son fils disparu. Lorsqu'il voit Alexia, qui arbore un look androgyne pour échapper à la police, il croit le retrouver et celle-ci joue le jeu.

Mais personne ne semble dupe de cette fausse identité, pas même Vincent, qui finit par lui faire cet aveu : elle n'aurait pas besoin d'être son fils pour l'être. On ne sait pas quoi penser. Est-ce un éloge de l'amour inconditionnel de ce père adoptif acceptant la fluidité des genres ? Est-ce l'arrangement tacite qu'ont trouvé ces deux marginaux interlopes ? Est-ce la folie stéroïdée d'un homme dépassé par une quête dont il ne veut pas s'avouer qu'elle est devenue sans issue ?

Réalisation : Julia Ducournau
Scénario : Julia Ducournau

Œuvre clivante, qui a retourné l'estomac de certains, *Titane* a reçu la Palme d'or en 2021, car le jury de Cannes y a vu un film qui cultive sa différence. Après le cannibale *Grave* (2016), Julia Ducournau signe en effet une pellicule trash-mécanique inclassable, noire, visqueuse, automutilatoire et sensuelle. Celle qui a été biberonnée aux thrillers de John Carpenter et à l'horrifique de David Cronenberg a ici remplacé le sang par l'huile de moteur. Héritière du film de genre, celle qui regardait *Massacre à la tronçonneuse* en cachette à l'âge de 6 ans prononce d'ailleurs à la remise du prestigieux prix cannois un discours lucide en forme d'éloge des « monstres », où elle reconnaît que son film est loin d'être parfait. Elle est décidément faite d'un métal pas comme les autres.

« Vous avez le vin p'tit et la cuite mesquine. Dans le fond, vous ne méritez pas de boire »

Albert Quentin (Jean Gabin), alcoolique, jure de ne plus boire après avoir survécu au bombardement de sa ville en 1944 sur la côte normande. Quinze ans plus tard, il fait la rencontre de Gabriel Fouquet (Jean-Paul Belmondo), un jeune homme qui s'enivre pour oublier un chagrin d'amour. L'ancien fusilier marin et le jeune publicitaire parisien nouent une complicité inattendue, par convergence de cuite et de mélancolie. L'un rêve de la Chine, l'autre de l'Espagne, dans un festival de bons mots raffinés par Michel Audiard, qui élèvent la beuverie au rang d'art.

Car, pour Albert, tous les ivrognes ne se valent pas. Alors qu'il est apostrophé sur le marché par un tavernier mécontent des écarts de conduite de Fouquet, il lui cloue le bec d'une tirade bien sentie sur sa médiocrité. Il oppose les « seigneurs », qui font « verre à part », aux « boit-sans-soif » qui enchaînent les litrons sans distinction. La syncope populaire du *e* caduc, dans le « vin p'tit » souligne le mépris de Quentin pour son interlocuteur. Inversement, la réplique montre par effet de miroir tout le respect qu'il porte à son camarade de biture, dont il défend farouchement les qualités de soulographe. Dans cette même scène, il distingue les « grands ducs » qui méritent de boire et les « cons » qui ne savent pas pourquoi ils le font.

Un singe en hiver • 1962

Réalisation : Henri Verneuil
Scénario : Henri Verneuil, Michel Audiard et François Boyer
Dialogues : Michel Audiard
D'après le roman éponyme de : Antoine Blondin, 1959

En 1962, le ministère de la Santé veut faire interdire le film pour son apologie de l'ivresse. Il est vrai que rarement rechute alcoolique n'aura été filmée de manière aussi joyeuse. Aujourd'hui, la réplique est volontiers convoquée par des nostalgiques d'un art de vivre à la française se fantasmant en « princes de la cuite ». Le récent *Drunk* (Thomas Vinterberg, 2020) a montré qu'être un bon vivant n'était pas cirrhose.

“Il est gouleyant, il a de la cuisse, il attaque sèchement le palais, il manque pas de retour. Vous pouvez servir !”

Charles Duchemin (Louis de Funès), critique gastronomique redouté, part en guerre contre Jacques Tricatel (Julien Guiomar), industriel du prêt-à-manger. Le premier met son exigence au service de l'excellence culinaire, dans un guide inspiré du Michelin ; le second produit viandes et vins artificiels en usine.

Duchemin aimerait passer le flambeau à son fils Gérard (Coluche). Il l'emmène donc en tournée pour évaluer les restaurants rachetés par Tricatel. Sauf que Gérard se rêve clown et semble plus familier des tartes à la crème que des grands crus bourguignons. Quand on lui sert un romanée-conti 64, il y met deux aspirines sous les yeux effarés du sommelier. Devant le malaise ambiant, il s'empresse de goûter en déroulant un vocabulaire technique affûté. Un vin *gouleyant* (de *goule*, *gueule*, emprunté au français régional de l'Ouest ou du Sud) est agréable et se boit facilement, car peu tannique tandis que sa *cuisse* souligne sa nervosité et l'*attaque du palais*, sa puissance. Difficile de savoir si cet étalage de culture viticole montre une solide expertise ou au contraire sa totale ignorance, qui dit une chose et son contraire du moment où cela fait savant.

Réalisation : Claude Zidi
Scénario : Claude Zidi et Michel Fabre

La relation père-fils y est émouvante, entre le monstre sacré de Funès, d'une étonnante retenue à cause de sa santé, et Coluche, représentant d'une nouvelle génération de comédiens, peu familière des caméras. Dans la scène finale, la dégustation de vins chez Bouvard face à Tricatel, alors que Duchemin est affecté d'agueusie (une perte complète du goût), révèle une complicité touchante entre les deux acteurs. « Le vin, c'est la terre », murmure ainsi de Funès, devant les rouges chatoiements de son breuvage. C'est aussi ce qui les lie.

Le mot de Patrice Leconte

Que faut-il boire sur un tournage ?
Pour *L'Aile ou la Cuisse*, je ne sais pas ce que Louis de Funès buvait.
Mais ce que je sais, c'est que pour le tournage des *Tontons flingueurs*, il s'agissait de vraie gnôle (avec un peu de calva donc, d'où le goût de pomme). Il suffit pour s'en convaincre de voir l'état d'ébriété des acteurs, qui n'était pas que joué.
En revanche, et j'en suis témoin, dans *Les Bronzés font du ski*, pour la scène de la liqueur à l'échalote, c'était de l'eau. Même pas pure, puisque le crapaud dans la bouteille était en plastique, et que la flotte avait donc un goût de plastique. Grâce soit rendue à Bruno Moynot qui, malgré ce parfum peu emballant d'eau au goût de crapaud en plastique, a été capable de dire que c'est « goûtu » et que « ça a du retour » !

“ Je bois à la santé de l’homme qui a tué ma sœur. À la santé du meurtrier ! ”

“Skål for manden, der dræbte min søster! Skål for en morder!”

Si vous trouvez certaines fêtes de famille pesantes, vous n’êtes sans doute pas prêts pour celle-ci. À l’occasion de l’anniversaire du patriarche Helge (Henning Moritzen), son fils aîné Christian (Ulrich Tomsen) révèle les violences intrafamiliales qui ont conduit sa sœur au suicide dans un discours glaçant. Une version inattendue du *Hygge* (atmosphère chaleureuse) à la danoise.

La nervosité des images épouse celle de l’acteur et des convives qui assistent impuissants au grand déballage familial avant de reprendre leur repas. Christian revient à la charge dans un second toast à son père coupable. La mise à distance du prédateur par périphrases successives (« l’homme qui a tué », « le meurtrier ») témoigne de la fin d’une emprise. C’est l’effort d’une victime qui retrouve une forme de pouvoir par le langage. Dire le vrai, c’est vaincre la fiction que le secret de l’inceste impose.

Réalisation : Thomas Vinterberg
Scénario : Thomas Vinterberg et Mogens Rukov

Selon les principes du *Dogme 95*, mouvement que Thomas Vinterberg fonde avec Lars von Trier, *Festen* est filmé en lumière naturelle, en caméra portée, en captant le son *in situ* sans le retravailler. La vérité serait donc autant dans l'image que dans le vin. Il s'agit de faire vrai, en limitant autant que possible les artifices de mise en scène, les filtres ou les mouvements trop chorégraphiés. Un « vœu de chasteté », professaient les pères fondateurs du Dogme, mais finalement une belle gueule de bois. Car « faire vrai » revient à construire une illusion de vérité. *Festen* n'est pas un documentaire, malgré ses ambitions réalistes. Pour paraphraser Jean-Luc Godard, une image juste est d'abord juste une image.

“I’m not drinking any fucking merlot!”

“Je ne bois pas de putain de merlot !”

Une réplique peut-elle avoir des conséquences économiques ? Le marché américain du merlot se serait en effet contracté à cause de cette diatribe de Miles (Paul Giamatti) à son acolyte Jack (Thomas Haden Church). Le premier, écrivain raté, accompagne le second, séducteur compulsif, dans une tournée des caves californiennes. Alors que Miles rechigne à dîner avec des tiers, Jack lui promet une soirée détendue autour d’un bon merlot. Le « petit merle » à la robe rouge est aussitôt rhabillé pour l’hiver.

Aucune explication structurée n’accompagne d’ailleurs cette colère, dont la grossièreté de la formule trahit l'intensité. L’œnologue amateur aurait pu arguer de la qualité inégale du merlot californien, très fort et sucré à cause du climat. Il ne boit pas n’importe quoi, certainement pas d’ailleurs en mâchant du chewing-gum. Si Miles ne met pas d’eau dans son vin, c’est sans doute que le cépage bordelais avait les faveurs de son ex-femme. Sa réaction outrée est celle d’un cœur fraîchement brisé, qui a bu le calice de la rupture jusqu’à la lie. Derrière l’élitisme du discours se devine un alcoolisme de tristesse.

Réalisation : Alexander Payne
Scénario : Alexander Payne et Jim Taylor
D'après le roman éponyme de : Rex Pickett, 2004

Il faut sans doute minorer cet « effet *Sideways* ». D'après Raphaël Schirmer, dans son article « Holly*wine* ou le vin dans le cinéma américain » (*Annales de géographie*, 2014), le film illustre des tendances en cours alors que la culture du vin se démocratise dans la *middle class* favorisée. Ainsi, les louanges de Miles ont peut-être stimulé la croissance du pinot noir, mais c'est sans doute l'amorce de celle-ci dans les années 2000 qui fait naître la réplique. C'est l'éternelle dispute de l'œuf et de la poule. Peu importe finalement, tant que le coq est au vin.

Le mot de Patrice Leconte

Je me souviens que, lorsque j'ai vu ce film, mon sang n'a fait qu'un tour. Parce qu'il m'était arrivé de boire du merlot et que j'avais adoré. C'est un grand vin, qui peut le contester ? En sortant du cinéma, un peu choqué par cette réplique, et voulant en avoir le cœur net, je suis passé chez mon marchand de vins, je lui ai acheté une bouteille de merlot, je suis remonté dare-dare à mon bureau, je l'ai débouchée, j'y ai goûté avec une vague appréhension, et puis cette inquiétude s'est envolée en l'espace de deux gorgées.
Comme quoi, il ne faut pas toujours prendre au pied de la lettre ce que disent les personnages des films que nous voyons, et Alexander Payne (le réalisateur) devrait passer à mon bureau pour goûter le merlot et faire une coupe dans son film.

“On est dans l’Ouest, ici. Quand la légende dépasse la réalité, on publie la légende”

“This is the West sir. When the Legend becomes facts, print the Legend”

Qui est l’homme qui a tué le hors-la-loi Liberty Valance ? Cette question traverse tout le western crépusculaire de John Ford. Le film s’écarte des classiques du genre, préférant les scènes en huis clos aux reliefs découpés de la vallée de la Mort, pour mieux réfléchir aux rapports compliqués entre la société américaine et la vérité. Le sénateur Stoddard (James Stewart) espère mettre légalement fin aux activités criminelles du bandit Liberty Valance. Mais c’est finalement la loi des armes qui pacifie la ville dans un duel à mort classique, en pleine rue. Sauf que, contrairement à ce que tout le monde croit, ce n’est pas l’homme de loi qui a tué Liberty Valance, mais bien son ami Tom Doniphon (John Wayne), caché dans la pénombre. La violence, dès lors, est-elle encore légitime ?

Pourtant, Stoddard demeure aux yeux de tous celui qui a su par son courage s’opposer au crime. Pourquoi ? Car l’Ouest change pour entrer dans la modernité : la fausse information est reprise, imprimée et diffusée grâce à la presse. De nouveaux acteurs, les journalistes, bâtissent ainsi la mythologie d’un pays encore jeune : ils préfèrent une légende qui fédère à une vérité qui dérange. Ce qui est faux, une fois sur le papier, devient-il la vérité ? La contradiction apparente des termes dans cette réplique est aussi celle de l’Amérique.

The Man Who Shot Liberty Valance
Réalisation : John Ford
Scénario : James Warner Bellah et Willis Goldbeck
D'après la nouvelle éponyme de : Dorothy M. Johnson, 1949

Mentir pour faire société, voilà une bien curieuse façon d'envisager les valeurs fondatrices de l'Amérique. Comme si l'idéalisme fordien n'avait pas survécu à l'après-guerre, au maccarthysme et à ses désillusions. Comme si le pessimisme nouveau du réalisateur lui faisait prophétiquement anticiper une société où les faits alternatifs auraient plus d'écho que la parole des héros. À l'Ouest, rien de nouveau ?

“Le monde se divise en deux catégories : ceux qui ont un pistolet chargé et ceux qui creusent. Toi, tu creuses”

“You see in this world, there’s two kinds of people, my friend, those with loaded guns, and those who dig. You dig”

Dans l’Ouest américain, en pleine guerre de Sécession, trois hommes s’affrontent pour mettre la main sur un trésor caché dans un cimetière. Dans ce dernier opus de la trilogie dite du « Dollar », Sergio Leone croise ainsi la grande fresque tragique de la guerre civile et le récit picaresque d’aventuriers sans foi ni loi.

Il buono, il brutto, il cattivo
Réalisation : Sergio Leone
Scénario : Sergio Leone, Agenore Incrocci, *et al.*

Devant la tombe qui recèle le butin tant convoité, le Bon (Clint Eastwood) force le Truand (Eli Wallach) à creuser. Ce faisant, il détourne une formule fétiche de son rival pour mieux l'humilier. La réplique, simple et binaire dans sa structure, fait un constat pessimiste que n'aurait pas renié Marx : les rapports humains sont d'abord des rapports de force dans lesquels les faibles se soumettent aux forts. L'idéologie, la croyance, les valeurs morales sont bien futiles quand on est du mauvais côté du pistolet.

Ce cynisme, propre au western *spaghetti* (terme désignant péjorativement les westerns produits en Italie), bouscule la grammaire classique du genre. Le Bon ne massacre certes pas femmes et enfants comme la Brute Sentenza (Lee Van Cleef), mais manipule et torture volontiers le Truand, presque le plus humain des trois. Ainsi, le manichéisme suggéré par le titre du film, avec des « bons » et des « truands », s'en trouve subverti. Le monde se divise en autant de catégories que d'individus. On trouve des salauds, par exemple, chez les « Tuniques bleues », dont les camps de prisonniers sont filmés comme des camps de concentration par le cinéaste italien dans une scène marquante. Comme pour creuser la tombe de la jeune mythologie américaine, Sergio Leone disait :

> « La véritable histoire des États-Unis a été construite dans une violence que ni la littérature ni le cinéma n'ont su révéler comme ils l'auraient dû. »

“On a tous un jour ce qu’on mérite”

“We all have it coming, Kid”

Une prostituée est agressée dans une ville du Wyoming. Devant l’indulgence du shérif local, « Little Bill » Daggett (Gene Hackman), elle met la tête du coupable à prix. La récompense attise les convoitises : un jeune chasseur de primes inexpérimenté, le Kid (Jaimz Woolvett), convainc William Munny (Clint Eastwood), tueur repenti et vieille gloire de la gâchette, de sortir de l’ombre pour l’aider. Appuyé par son vieil ami Logan (Morgan Freeman), Munny est confronté aux rigueurs de la vieillesse et à un passé qui ne passe pas.

Le titre original – *Unforgiven* – souligne le cœur thématique de ce western crépusculaire : l’impossibilité du pardon. Certes, Munny est impitoyable, et le récit dévoile progressivement sa violence enfouie en jouant sur l’âge du personnage. Mais c’est le thème de la culpabilité qui traverse tout le film. Ainsi, lorsque leur cible est enfin tuée par le Kid, Munny l’invite à prendre la mesure de son acte (« Tuer un homme, c’est quelque chose. On lui retire tout ce qu’il a et tout ce qu’il aurait pu avoir »). Le Kid se justifie : celui qui a été abattu désarmé, sans gloire, sur ses toilettes, n’a eu que ce qu’il méritait. Munny lui répond que chacun est comptable de ses actes : « On a tous un jour ce qu’on mérite. »

Unforgiven
Réalisation : Clint Eastwood
Scénario : David Webb Peoples

La complexité de ces personnages se déploie dans le dernier acte quand la confrontation avec « Little Bill » survient. Alors qu'il est sur le point d'être abattu par un Munny sans pitié, le shérif murmure ne pas mériter une fin si brutale. « Le mérite n'a rien à voir là-dedans », lui répond Munny, s'adressant sans doute d'abord à lui-même, conscient qu'il n'a jamais été un héros et que sa place est en enfer.

“Plus j’observe les gens et moins j’ai envie de les aimer”

“*There are times when I look at people and I see nothing worth liking*”

Daniel Plainview (Daniel Day-Lewis) est un prospecteur de pétrole, *self-made-man* ombrageux et autoritaire. Sur la piste d’un potentiel gisement, il se rend en Californie avec son fils muet et transforme un petit hameau en gigantesque puits de pétrole. Daniel, mû par une vénalité crasse, se sert des gens comme il exploite la terre. Face à lui, l’escroquerie religieuse du pasteur Eli Sunday (Paul Dano), prêt à renier son Dieu pour de l’argent. Une lutte de pouvoir s’engage entre les deux hommes comme deux farces d’une même médaille.

« *I’m an oil man* », affirme l’homme de pétrole capitaliste à une assemblée du village. Dans ses veines coule non pas du sang, mais le noir visqueux du pétrole, la couleur de l’atrabile du misanthrope. Terrifiant dans cet exercice d’*actor studio*, Daniel Day-Lewis montre toute la haine de celui qui n’a pas « envie d’aimer » les gens. C’est ce dégoût pour l’humanité qui le fait traiter autrui comme un moyen et non une fin. La réplique aurait pu être celle du spectateur ; plus on lui montre Plainview, plus il voit les bas instincts des hommes, moins il peut aimer ses congénères. Cette inversion est à l’image du renversement de l’histoire américaine, engendrée dans le crime. La *success story* entrepreneuriale est l’autre nom du gain immoral. Le mal fait aux hommes (tués, expropriés, exploités) est à l’image du mal fait à la nature (fracturée, ponctionnée, arasée). « Il y aura du sang », prévient le titre.

Réalisation : Paul Thomas Anderson
Scénario : Paul Thomas Anderson
D'après le roman de : Upton Sinclair, *Oil!*, 1927

Dans une photographie sublime, Paul T. Anderson livre un film sur la matière : le pétrole gicle, la roche éclate, la terre est soulevée par le vent, la peau des hommes est épaisse et sale. Tout nous éloigne de l'âme. La conscience est ordurière. Cette réplique est un clin d'œil à Mark Twain, comme pour dire que l'art seul sait faire le bien : « *The more I learn about people, the more I like my dog* » (« Plus j'observe les hommes, plus j'aime mon chien »).

Le mot de Patrice Leconte

Autrement dit, pour aimer les gens il faudrait cesser de les observer ?
Les personnes frappées de cécité seraient-elles donc les mieux placées pour aimer le monde entier ?
Peut-être. Le fils de Daniel Plainview étant sourd-muet, il est le seul à ne pas pouvoir entendre le diable.

“J’aime ta façon de crever, mon gars !”

“I like the way you die, boy!”

Django, c’est la vengeance avec un grand T. La guerre de Sécession approche. Le docteur et chasseur de primes King Schultz (Christoph Waltz) libère l’esclave Django (Jamie Foxx). Ce dernier retrouve sa femme Broomhilda (Kerry Washington) chez le riche propriétaire d’une plantation, M. Candie (Leonardo DiCaprio). Et, comme on est chez Quentin Tarantino, forcément, ça tourne mal.

La vengeance sadique rend aveugle. Aimer « la façon de crever », c’est plus qu’aimer tuer : c’est rechercher une forme de jouissance artistique. Derrière le personnage, c’est le réalisateur, au goût bien connu pour les jeux de massacre, qui parle.

Réalisation : Quentin Tarantino
Scénario : Quentin Tarantino

Ce n'est pas seulement la vengeance d'un homme, mais celle de toute une population martyrisée par des siècles d'esclavage et de racisme. La séquence inverse la charge de la violence. Le cas de conscience du spectateur apparaît : est-ce moral de jouir de voir un esclavagiste « crever » ?

Cette esthétisation de la violence renvoie au western *spaghetti*, ses plans, sa musique, son affrontement épique dans lequel on jubile de l'exécution de l'adversaire. L'écriture du script de Tarantino s'est également nourrie du cycle de Richard Wagner, *L'Anneau du Nibelung*, avec Django en Siegfried, guerrier d'une puissance supérieure, et Broomhilda en... Brünnhilde. L'arme de Jamie Foxx est une Walkyrie qui commande à son porteur. Est-on jamais libre ?

Le mot de Patrice Leconte

Cette réplique est du pur Tarantino. Parce qu'elle est goguenarde et sanglante. Un type tue un autre type et, avant qu'il ne soit parti de l'autre côté du miroir, celui qui a mis fin à ses jours le félicite de mourir aussi joliment. Et si nous renversions la proposition ? Ne serait-il pas joyeux, euphorique, positif, de dire à quelqu'un : « J'aime la façon dont tu vis » ?

“When the horizon’s at the bottom, it’s interesting. When the horizon’s at the top, it’s interesting. When the horizon’s in the middle, it’s boring as shit!”

“Quand l’horizon est en haut, c’est intéressant. Quand il est en bas, c’est intéressant. Quand il est au milieu, c’est chiant à mourir !

Après une expérience marquante dans une salle de cinéma, le jeune Sammy Fabelman (Gabriel LaBelle) commence à filmer sa famille juive et ses amis scouts avec les moyens du bord. Entre sa mère (Michelle Williams), pianiste refoulée, son père (Paul Dano), ingénieur pragmatique, et ses sœurs, Sammy découvre un secret de famille et comprend peu à peu sa vocation.

Sammy est l’alter ego de Spielberg, qui s’est inspiré de sa propre vie pour faire son film. On retrouve dans *The Fabelmans* son cinéma naïf, jamais vulgaire, aux personnages extrêmement touchants et aux images soignées. On assiste surtout à une ode au cinéma, qui n’a certes pas la prétention et le gigantisme de *Babylon* (Damien Chazelle, 2022), mais qui émeut probablement davantage justement parce qu’il touche à l’intime.

Réalisation : Steven Spielberg
Scénario : Steven Spielberg et Tony Kushner

Comme un clin d'œil aux illustres qui l'ont précédé, le héros rencontre à la fin du film une de ses idoles, le réalisateur de westerns bourru John Ford (interprété par David Lynch, excusez-nous du peu), qui lui explique le cadrage caméra avant de le congédier sans tact ni mesure : « *Now good luck to you. And get the fuck out of my office!* » (« Maintenant bonne chance. Et dégage de mon bureau ! ». On est alors à l'aube d'une des carrières les plus brillantes du cinéma hollywoodien, aux horizons nombreux.

Le mot de Patrice Leconte

Je n'ai jamais eu la chance de rencontrer John Ford, comme le jeune Steven Spielberg/Fabelman. Et j'ai donc dû, tout seul, dans mon coin, comprendre pourquoi, dans les cadres de nos films, placer l'horizon au milieu de l'image était « *boring as fuck* ».

La réponse est simple : c'est parce que c'est un point de vue convenu, un point de vue de piéton, de promeneur banal. Or, ce que l'on attend d'un cinéaste, c'est qu'il nous propose des images différentes de celles que notre œil capte nonchalamment, qu'il adopte des points de vue inattendus, surprenants.

J'aurais dû rencontrer John Ford, j'aurais gagné un temps fou.

“ Mauvaise affaire, Madame, c’est un dormeur ”

Et leurs yeux se rencontrèrent. Dans le Paris canaille du début du XXe siècle, Marie (Simone Signoret), une prostituée surnommée « Casque d’or » à cause de sa chevelure blonde, tombe amoureuse d’un charpentier, mauvais garçon rangé des voitures (Serge Reggiani). Des guinguettes de bord de Marne aux hôtels interlopes, leurs amours sont contrariées par les rivalités masculines que « Casque d’or » suscite dans les rangs dangereux des Apaches de Belleville. Convoitée, exhibée, mais aussi abusée, Marie trace sa route avec force et indépendance. Une histoire d’amour fatalement tragique, du premier regard jusqu’au dernier souffle.

La célèbre réplique montre la liberté de l’héroïne vis-à-vis des codes qui régissent alors les rapports entre les hommes et les femmes. Comme prostituée d’abord, comme femme ensuite, Casque d’or est assignée à une double soumission vis-à-vis des hommes, économique et sexuelle. Pourtant, elle n’a de cesse de faire ce qu’elle veut, en séduisant ouvertement le charpentier dans une première valse ébouriffante, au nez et à la barbe de son ancien maquereau. Puis en humiliant publiquement ce dernier alors qu’il danse avec une bourgeoise entreprenante. « C’est un dormeur », lance-t-elle à l’heureuse élue, ou, pour le dire autrement, un piètre amant, incapable de satisfaire son plaisir. Une bravade résolument moderne.

Casque d'or • 1952

Réalisation : Jacques Becker
Scénario : Jacques Becker et Jacques Companeez

Le destin singulier d'Amélie Hélie (1878-1933) a inspiré ce personnage flamboyant interprété de manière impériale par Simone Signoret. Dans un noir et blanc remarquable, le film alterne les séquences lumineuses (les fêtes, la danse, les idylles champêtres) avec les nuages noirs de la tragédie dans les ruelles sombres et les prisons sordides. Si la lumière est au bout du tunnel, elle a assurément des reflets dorés.

Le mot de Patrice Leconte

Je me demande si cette réplique n'est pas une de mes préférées. Parce qu'elle est joliment écrite, certes. Mais aussi parce qu'elle est balancée par Simone Signoret, qui savait mieux que personne balancer des répliques.
Elle passe à côté d'une bourgeoise prête à s'encanailler avec un gigolo de guinguette et, en quelques mots ciblés, Casque d'or flingue toute velléité de plaisirs interdits.
Ce qui me plaît, c'est que tout est dit en quelques mots. Aimons les dialoguistes qui refusent d'être bavards.

“Well... nobody’s perfect!”

“Eh bien... Personne n’est parfait !”

Joe (Tony Curtis) et Jerry (Jack Lemmon) sont respectivement saxophoniste et contrebassiste de jazz, dans le Chicago d’Al Capone et de la prohibition. Pour échapper à la mafia, ils sont contraints de se déguiser en femmes. Joe devient Joséphine, Jerry devient Daphné, et ils intègrent un ensemble de jazz féminin, dans lequel ils font la connaissance d’Alouette (Marilyn Monroe). Alors que les identités et les genres continuent de se mélanger, Joe/Joséphine s’entiche d’Alouette, et Jerry/Daphné se fiance avec le milliardaire Osgood.

Dans la dernière scène du film, alors que tous les masques tombent, Jerry annonce à Osgood qu’il ne pourra pas l’épouser, dans un dialogue hilarant qui dévoile progressivement l’identité véritable du personnage. On ne résiste pas à en reproduire la fin ici :

« Daphné : Je ne suis pas une vraie blonde !
Osgood : Pas d’importance...
Daphné : Je fume. Je fume comme un sapeur.
Osgood : Ça m’est égal...
Daphné : Mon passé est mauvais. Je vis depuis trois ans au moins avec un joueur de saxophone.
Osgood : Je vous pardonne.
Daphné : Hélas, je ne peux pas avoir d’enfants !
Osgood : Nous en adopterons.
Daphné : [Retirant sa perruque] Vous ne comprenez pas, Osgood, je suis un homme !
Osgood : Eh bien... Personne n’est parfait ! »

Some Like it Hot
Réalisation : Billy Wilder
Scénario : Billy Wilder et I. A. I. Diamond
D'après une histoire de : Robert Thoeren et Michael Logan

Si l'idée que la perfection n'existe pas remonte à l'Antiquité, l'expression s'emploie différemment depuis la comédie emblématique de Billy Wilder. Elle sert d'ironie pour souligner un défaut particulièrement important ou comme fausse modestie.

Cette parodie de film de gangsters est assez en avance sur son temps car, bien loin des films qui représentent l'Amérique traditionnelle, elle aborde des sujets tels que l'homosexualité ou le travestissement. La traduction française du script est signée Raymond Queneau. On ne sait pas si c'est l'Oulipiste qui a choisi le titre, qui n'est qu'une simple traduction littérale de l'américain *Some like it hot*. Or, *hot* en anglais peut également avoir le sens de « rapide », notamment lorsqu'il s'agit de musique. On perd ainsi en français le double sens de la formule originale qui est à l'image des personnages du film, eux aussi doubles. Un petit bémol dans une incroyable partition.

Le mot de Patrice Leconte

Souvenir personnel (je me la pète un instant, et après j'arrête) : j'étais à Los Angeles, il y a quelques années, pour accompagner mon film *Ridicule* qui représentait la France pour les Oscars (Oscar que nous n'avons pas eu, les votants de la côte ouest n'ont vraiment aucun goût).
Il y a avait, entre autres réjouissances, un déjeuner professionnel réunissant de grands réalisateurs américains et les quatre nominés pour l'Oscar du meilleur film étranger. À ce déjeuner participait Billy Wilder. C'était déjà un très vieux monsieur, mais tellement attachant. Après le repas, il est venu vers moi et m'a demandé qui j'étais. Je lui ai répondu que j'étais un réalisateur français. Et, pensant être d'une drôlerie fracassante, j'ai ajouté « Nobody's perfect », croyant le faire sourire. Il a haussé les épaules et tourné les talons. Comment lui en vouloir ?
Demandez à Jean-Pierre Foucault combien de fois par jour on lui dit : « C'est mon dernier mot, Jean-Pierre... »

“Tu ne peux pas savoir, tu n’es pas une femme”

Jeanne Dielman (Delphine Seyrig) est veuve au foyer. Elle passe ses journées aux tâches ménagères, à s’occuper de son adolescent taiseux, Sylvain (Jan Decorte), et se prostitue l’après-midi pour gagner un peu d’argent.

Perpétuellement affairée, la vie minutée et monotone de Jeanne Dielman est pourtant vertigineuse de vacuité. Son quotidien pathétique nous parle de l’« infra-ordinaire » de l’écrivain Georges Perec, cette plongée ethnographique et artistique dans le monde qui nous entoure mais que nous ne savons pas regarder. Chantal Akerman, âgée de seulement 25 ans, filme en illusion de temps réel la préparation des escalopes de veau, l’épluchage des pommes de terre, l’attente désœuvrée dans le fauteuil, le pliage des vêtements. Par le mutisme et la répétition, on infuse lentement dans le naturalisme des gestes, bruits et objets, que l’on finit par connaître par cœur, au point que les petites entorses à la routine nous heurtent. Aucun gros plan, tout en caméra fixe sans coupe, avec une exceptionnelle Delphine Seyrig qui disparaît dans son rôle.

Réalisation : Chantal Akerman
Scénario : Chantal Akerman

Les dialogues se comptent sur les doigts de la main. Lorsque Jeanne dit à son fils, obsédé par le sujet sexuel, qu'il ne peut pas comprendre ses choix, car il n'est « pas une femme », à qui parle-t-elle ? Probablement à tous les spectateurs masculins des générations suivantes, à la caméra qui est l'autre nom du monde. C'est presque une apostrophe de l'autrice. Pendant 3 h 18 d'un film qu'on ne peut aborder comme un simple divertissement, on interroge la condition féminine, l'urbanité moderne et l'angoisse de la mort. Akerman nous aide, un peu, à savoir ce que ça fait d'être une femme.

“Je ne comprends pas les hommes”

Tout est dans le titre : la jeune Pauline (Amanda Langlet) veut aller à la plage. Elle est accompagnée par sa grande cousine Marion (Arielle Dombasle). Sur le sable normand, elles rencontrent Pierre (Pascal Greggory), amoureux de Marion, Henri (Féodor Atkin), charismatique ethnologue qui parvient à séduire cette dernière, et Sylvain (Simon de La Brosse), qui s'entiche de l'adolescente éponyme. Ce marivaudage à cinq bandes n'est pas tant une leçon de choses qu'une quête formelle.

Avec un titre à la Colette, Éric Rohmer met en scène des petites amourettes estivales bourgeoises à mi-chemin entre le conte et la carte postale. Car l'époque importe peu dans cette vision idéalisée des vacances, du flirt et de l'amour. Les longs dialogues écrits, dont le réalisateur est familier, se mélangent au jeu libre des acteurs dans des quiproquos de théâtre classique, sans la pesanteur de l'honneur racinien. Le film est une longue réflexion à voix haute sur les relations amoureuses.

Réalisation : Éric Rohmer
Scénario : Éric Rohmer

Henri semble lassé de l'amour : « Dans la vie, j'ai aimé et j'ai été aimé. Maintenant, j'en ai marre, je me repose. » Ce Casanova dégarni, qui a trompé Marion avec une marchande de bonbons, offre un soir son toit à la petite Pauline. Il la réveille le matin par d'odieux baisers sur les jambes et, lorsqu'elle le surprend, il fait comme si de rien n'était. C'est alors qu'elle lui lance, non sans mépris, qu'elle ne comprend pas les hommes. « Les vieux surtout. Ils ne font jamais rien franchement », ajoute-t-elle. Cela résume l'esprit de ces badineries : des gens qui ne se comprennent pas, car leurs conceptions des relations, toutes inconséquentes, sont différentes. Au milieu des adultes, Pauline ne sait pas à quel saint se vouer. Entre la liberté machiste égoïste, la naïveté immature et le chevalier servant pathétique, que faut-il choisir ? Aucun, semble-t-elle nous dire. On la comprend.

“Pour se sentir coupable, on n’est pas obligé d’être coupable”

“Para sentirse culpable no hace falta ser culpable”

Avant de tourner avec Penelope Cruz, Pedro Almodóvar a eu d’autres muses. Le cinéaste fétichiste des femmes et des couleurs a, par exemple, jeté son dévolu sur Victoria Abril (3 films au début des années 1990) et Marisa Paredes (5 films). La première interprète ici Rebeca, abandonnée par sa mère Becky (jouée par la seconde, avec la voix de l’étoile espagnole Luz Casal au chant) pour mener sa carrière de chanteuse. Lorsqu’elles se retrouvent des années après, Rebeca est mariée avec un ancien amant de Becky. Mais il est assassiné un mois plus tard et les deux femmes sont suspectes. Un jeune juge (Miguel Bosé) avec une fausse barbe mène l’enquête et un travesti qui lui ressemble beaucoup, Letal, s’entiche de Rebeca.

Les histoires des unes et des autres se mélangent de manière théâtrale dans cette relation mère-fille impossible, écrasée sous le poids de la célébrité maternelle. Rebeca s’accuse du meurtre, fait un petit séjour en prison, puis se rétracte. Elle plaide alors l’émotion et dit qu’elle se sentait coupable sans l’être vraiment. Le film entretient la confusion entre la culpabilité légale et le statut de victime de Rebeca. Victime d’une mère malsaine et d’hommes froids ou violents. Coupable de vouloir leur plaire, jusqu’aux pires extrémités. Cette mécanique délétère l’empêche de se reconstruire.

Tacones lejanos
Réalisation : Pedro Almodóvar
Scénario : Pedro Almodóvar

La fin du film offre une percée lumineuse dans le nuage de cette relation toxique avec la repentance de Becky. Par la fenêtre de leur rez-de-trottoir, elles entendent, comme dans leur enfance, le bruit des talons aiguilles au loin (*tacones lejanos*) qui s'éloignent. Et se souviennent qu'elles s'aiment malgré les blessures.

“— C’est une révolte ?
— Non, sire, c’est une révolution !”

Lorsque Laurence (Melvil Poupaud) annonce à sa compagne Fred (Suzanne Clément) qu’elle est une femme enfermée dans le corps d’un homme, c’est un choc. Durant sa transition de genre, Laurence affronte l’hostilité de la société, perd son travail et voit des proches lui tourner le dos. Les deux femmes, chacune avec ses forces et ses fragilités, vont se battre pour permettre à Laurence de vivre comme elle le souhaite, sans perdre de vue cet amour qu’elles doivent réinventer.

Réalisation : Xavier Dolan
Scénario : Xavier Dolan

La première fois que Laurence se rend dans le lycée où elle enseigne en assumant une expression de genre différente (maquillage, tailleur vert pomme, chaussures à talons), cela fait souffler plus d'une tempête sous les crânes. Son collègue Michel (Yves Jacques), fasciné et admiratif, lui pose la question de Louis XVI qui ne comprend pas la prise de la Bastille : « C'est une révolte ? » Par sa réponse – « Non, sire, c'est une révolution ! » –, Laurence subvertit une culture commune et met un mot sur ce qu'il est en train de vivre : la « révolution » d'un astre qui retourne son monde.

Le jeune prodige québécois Xavier Dolan réalisait, à seulement 23 ans, ce film puissant et coloré. Par ses cadrages serrés et une capacité à tirer le meilleur de ses comédiens, la relation entre les spectateurs et les personnages est intense. Ils intriguent, suscitent l'empathie. Ses compositions précises et lyriques font que le film se rappoche parfois du clip, comme dans cette scène exquise où des vêtements tombent du ciel, sur une musique électro de *Moderat*. Bien qu'il s'agisse d'un thème central dans sa filmographie, Xavier Dolan refuse d'être le porte-parole d'un « cinéma queer ». C'est, après tout, autant un film sur la transidentité que sur l'amour et la liberté.

« J'ai pas menti, j'ai juste rien dit », nuance Laurence, au moment de son *coming out*. Il en faut, du temps, pour se révolter.

“Ils viennent te chercher, Barbra !”

“They’re coming to get you, Barbra!”

Quand l’appétit va, tout va. Les morts-vivants de George A. Romero n’en manquent pas, en particulier dans ce premier film de sa saga des zombies. Un œuvre pionnière à petit budget, en noir et blanc, qui invente littéralement le genre du film de zombie dans sa grammaire comme dans sa portée philosophique.

La première scène est un bijou de construction dramatique. Barbra (Judith O’Dea) et son frère Johnny (Russell Streiner) visitent la tombe de leur père. Le frère taquine la sœur, qui a toujours eu peur des cimetières, en invoquant les morts qui vont venir la chercher. La réplique devient vite prophétique : à l’arrière-plan se distingue une silhouette floue à la démarche maladroite. Si le spectateur d’aujourd’hui identifie assez vite la menace, on peut supposer l’effet de surprise dans les années 1960 lorsque Barbra est soudainement agressée par ce mort un poil trop vivant. Rira bien qui rira le dernier : le frère goguenard est le premier à s’arrêter de sourire.

La Nuit des morts-vivants • 1968

Night of the Living Dead
Réalisation : George A. Romero
Scénario : George A. Romero et John A. Russo

Chez Romero, les zombies n'ont plus rien à voir avec le vaudou haïtien et ne sont pas de simples revenants : ils constituent une force collective vorace d'origine nucléaire qui déferle pour détruire tout sur son passage et se repaître de chair. La peur d'un adversaire extérieur qui envahit la nation n'est pas anodine en pleine guerre froide. Mais lorsque Barbra se réfugie dans une maison abandonnée avec le courageux Ben (Duane Jones), un Afro-Américain, et d'autres survivants aussi blancs que veules, ce sont les haines raciales intérieures qui dévorent leur petite société. Les zombies sont déjà là, sous les cagoules blanches du racisme historique de la société américaine. Le film sort l'année de l'assassinat de Martin Luther King. Les cadavres ne sont pas toujours au cimetière, ils sont parfois dans le placard.

“On va peut-être devoir tuer mon beau-père”

“*We may have to kill my stepdad*”

Quelles sont les chances de survie de geeks, ivres de flemme et de biture, en cas d'invasion massive de zombies ? Lorsque Shaun (Simon Pegg) et Ed (Nick Frost) voient leur gueule de bois hebdomadaire troublée par des hordes de morts-vivants, le plan est tout trouvé : se réfugier au pub pour attendre les secours... autour d'une bière bien fraîche.

Ce premier volet de la trilogie dite du « Cornetto » (*The Three Flavours Cornetto Trilogy*), du nom de la célèbre glace, est ponctué de multiples références pop et d'hommages au cinéma du maître de l'horreur, George A. Romero. Le titre, *Shaun of the Dead*, renvoie ainsi directement à *Dawn of the Dead* (1978). La mère de Shaun se prénomme Barbara, en écho à la célèbre réplique de *La Nuit des morts-vivants* (1968) que nos héros s'approprient en allant la secourir : « *We're coming to get you, Barbra!* » (« Nous venons te chercher, Barbra ! »).

Mais protéger les siens des zombies n'est pas une mince affaire quand les relations dysfonctionnent, comme en témoigne le soulagement de Shaun lorsqu'il apprend que son beau-père Philip (Bill Nighy) risque d'être contaminé. La nonchalance *so british* dont il fait preuve avec cette réplique détourne un grand classique du genre : la nécessité de tuer un proche après une morsure fatale. Ici, Shaun imagine une série de scénarios dans lesquels son beau-père se retrouve joyeusement exécuté, selon un exutoire familial que n'aurait pas renié Freud.

Réalisation : Edgar Wright
Scénario : Edgar Wright et Simon Pegg

Dans cette comédie jubilatoire, l'apocalypse est l'occasion pour nos antihéros de tromper l'ennui d'existences plombées par la routine sociale et professionnelle. Les morts permettent à des vivants quasi morts de régler leurs comptes avec des morts-vivants, pour mieux se réconcilier et boire une dernière pinte avant la fin du monde.

Bibliographie

Chaque film mériterait une bibliographie propre, tant le matériau est riche. Les anthologies de répliques ne manquent pas en librairie. Nous voulons ici mettre en lumière des ouvrages et des sources plus générales et plus récentes, qui ont pu nourrir notre réflexion et pourront être utiles aux lectrices et lecteurs qui souhaitent aller plus loin.

Dictionnaires

REY A., TOMI M., HORDÉ T., TANET C., *Dictionnaire historique de la langue française*, Le Robert, 1994.

Dictionnaires et ouvrages généraux sur le cinéma

BOUSQUET O., DEVILLARD A., *L'Atlas du cinéma*, Epa, 2021.
KEMP P., *et al.*, *Tout sur le cinéma*, Flammarion, 2019.
LACASSIN F., *Contre-histoire du cinéma*, Rouge Profond, 2023.
LOURCELLES J., *Dictionnaire des films*, Bouquins, 2022.
PALLIN P., ZORGNIOTTI D., *Une histoire du cinéma français*, LettMotif, 2021.

Le cinéma par celles et ceux qui le font

BRUTTIN T., *Michel Audiard – Albert Simonin*, Actes Sud, 2021.
DENIS B., *Michel Audiard – Georges Simenon*, Actes Sud, 2020.
LHOMEAU F., *Michel Audiard réalisateur*, Actes Sud, 2022.
GUÉRIF F., *Des moments de cinéma*, La Grange Batelière, 2023.
GUY A., *La Fée-Cinéma*, Gallimard, 2022.
TRUFFAUT F., *La Leçon de cinéma*, Denoël, 2021.

Ouvrages spécialisés

BAZIN A., *Qu'est-ce que le cinéma ?*, Cerf, 1999.
CIMENT M., *Les Conquérants d'un nouveau monde – Essais sur le cinéma américain*, Gallimard, 2015 (rééd.).
DE BAECQUE A., *La Nouvelle Vague. Portrait d'une jeunesse*, Flammarion, 2019 (rééd.).
VILLENAVE B., *Le Nouvel Hollywood (1967-1980)*, Presses universitaires de Rennes, 2022.

Presse

Positif, *Critikat*, *Première*, *La Septième Obsession*, *SoFilm*…

Sites internet et podcasts

Nous nous devons de saluer la passion brûlante et le travail minutieux des cinéphiles qui peuplent Internet, notamment :

Allociné, en ligne : www.allocine.fr
Sens critique, en ligne : www.senscritique.com
Wikipédia, en ligne : www.wikipedia.org

Nous devons également saluer le travail des équipes radio et podcast de Radio France :

GESBERT O., FAUGÈRE F., « Les films qui ont changé le monde », France Culture, 2022, en ligne : www.radiofrance.fr/franceculture/podcasts/serie-comment-les-films-changent-le-monde
THORET J.-B., BOU S., « Pendant les travaux, le cinéma reste ouvert », France Inter, 2014, en ligne : www.radiofrance.fr/franceinter/podcasts/pendant-les-travaux-le-cinema-reste-ouvert

Table des répliques

JEUX DE MOTS

KÉPI

LIBERTÉ

MARGINALITÉS

NOUVELLE VAGUE

OBSCÉNITÉ(S)

PARADOXES

QUÉZACO

ROUGIR

SCIENCES FICTIVES

TABLÉE

UNDERGROUND

VIN

WILD WILD WEST

Aux éditions Le Robert, on aime jouer avec la langue française !

Recueils d'expressions déjà parus :

Stéphane de Groodt et Alain Rey, *200 drôles d'expressions que l'on utilise tous les jours sans vraiment les connaître*, 2015.

Éric Fottorino, *200 drôles de mots qui ont changé nos vies depuis 50 ans*, 2017.

Aurore Vincenti, préface d'Alain Rey, *Les Mots du bitume. De Rabelais aux rappeurs, petit dictionnaire de la langue de rue*, 2017.

Milliès Lacroix, illustré par Aude Picault, préface d'Alain Rey, *200 drôles d'expressions qui ont du corps*, 2018.

François Rollin et Jean-Christophe Tomasi, *200 drôles de mots à ressusciter pour vaincre la morosité*, 2018.

Alain Rey, *150 drôles d'expressions que l'on utilise tous les jours sans vraiment les connaître*, 2020.

Stéphane Marie et Nathalie Gendrot, *150 drôles d'expressions pour cultiver son jardin*, 2021.

Alain Rey, Denis Milliès-Lacroix et Agnès Pierron, *150 drôles d'expressions à emprunter à nos grands-mères*, 2021.

Étienne Klein, Yoan Boudes, Florent Coste, Nathalie Koble, Amandine Mussou et Laëtitia Tabard, *150 drôles d'expressions pour ramener sa science*, 2021.

Yves Camdeborde et Marcelle Ratafia, *150 drôles d'expressions de la cuisine qui ne manquent pas de sel*, 2021.

Maxime Rovere, Nathalie Gendrot et Thomas-Louis Novillo, *150 drôles d'expressions pour prendre la vie du bon côté*, 2022.

Michel Denisot, Médéric Gasquet-Cyrus et Arnaud Richard, *En plein dans la lucarne ! 200 expressions, mots et anecdotes de légende sur le foot*, 2022.

Philippe Spanghero, Médéric Gasquet-Cyrus et Arnaud Richard, *Au cœur de l'ovalie. 150 expressions, mots et anecdotes de légende sur le rugby*, 2023.

Laurent Ruquier et Thomas-Louis Novillo, *Bon pied bon œil. 150 drôles d'expressions pour amuser la galerie*, 2023.

Camille Aumont Carnel et Noémie Marignier, *Les Mots du Q. Manifeste joyeux des sexualités*, 2023.

Crédits iconographiques

Pellicules © Orkidia/AdobeStock

Ce livre est imprimé sur du papier issu de forêts gérées durablement.

Achevé d'imprimer en janvier 2024 en Espagne par Liberdúplex
N° d'éditeur: 738057/10298756 - dépôt légal: novembre 2023